文芸社セレクション

福祉街道50年 II

畠山　護三

HATAKEYAMA Moriso

文芸社

序　文

日本福祉大学を昭和42年に卒業された畠山護三さんが、自分史ともいえる、この『福祉街道50年Ⅱ』を刊行されるにあたり、序文を書かせていただくことを大変光栄に思っています。

私が畠山さんにはじめてお目にかかったのは、今から12年前の平成17年の春でした。畠山さんが、本学の大学院社会福祉学研究科社会福祉学専攻（通信教育）に入学されて、名古屋キャンパスでのはじめてのスクーリングに参加された折のことです。当時、私は社会福祉学専攻（通信教育）の運営を担当していたので、60歳を過ぎて大学院で学ぼうとする意欲的な方がおられることに感嘆したことをよく憶えています。

それ以来、大学院に在学されていた2年間はもとより、2年で無事修了された後も、大学院通信の同窓会や大学全体の同窓会などでお目にかかる機会が多々あり、大変懇意にさせていただいていることを、ありがたく思っています。とくに、平成18年4月から20年3月まで2年間にわたり、中国からの留学生の陳引弟さんの修士論文指導を私が担当した時期と、畠山さんが大連の遼寧師範大学に3カ月間の留学をされた時期が重なったこともあり、畠山さんも陳引弟さんと懇意にされるというつながりがありました。その後、陳さんが立命館大学で博士学位を取得されて、中国の大学教員に採用が決まり帰国されるときに、畠山さんと私と陳さんの3人で、京都で送別会を行ったことはとても良い思い出です。

70歳を超えられた現在も、学ぶ意欲は衰えず、中国への1年間の留学を希望されるなど、益々元気に活躍されようとする姿に、感服する次第です。私の恩師である早川和男先生が、神戸大学を定年退官される際の退官記念講演で述べられた言葉を思い出します。「少年老い易く学成り難し、という故事があるように、私の研究者としての人生はまだまだ道半ばです。これからが私の研究の新たなスタートと考えています」畠山さんが、この私の恩師の言葉と同じように、年齢にとらわれることなく、これから益々新たな挑戦を続けられることを期待しています。

私ごとで恐縮ですが、本年4月から、日本福祉大学の第8代学長を務めさせていただくことになりました。60年を超える歴史ある本学の学長を代々務めてこられた先達の先生方のご業績に敬意を表し、良き伝統を継承するとともに、これからのさらなる発展を目指して精一杯努めていく所存です。畠山さんをはじめ、大学同窓生の皆様には、これまでにも増して、日本福祉大学へのご支援とご協力をお願いして、この序文を締め括らせていただきます。

平成29年4月 吉日

日本福祉大学
学長 児玉 善郎

はじめに

私は、平成28年7月10日で72歳になりました。これから3年後には75歳となり後期高齢者になります。昭和42年3月22日に日本福祉大学を卒業後、広島県庁に38年間勤務しました。平成7年3月31日に広島県庁を退職後は、同年4月1日から学校法人古沢学園理事長古澤敏昭先生から誘われて広島健康福祉技術専門学校に3年、広島医療保健専門学校に9年余り勤務しています。合計で50年余り福祉の仕事、教育の仕事を続けることが出来ましたことは、学生時代の恩師、学友の皆様、広島県庁在職中は当時の上司、同僚の皆様、学校法人古沢学園では古澤理事長先生、古澤宰治校長先生、同僚の皆様、家族の温かい配慮と支援に対しまして、心から感謝しております。

今回の『福祉街道50年Ⅱ』は、前回の『福祉街道50年』と比較して、出来るだけ原稿のダブリを避けていますが、一部重複がありますこと、お許しください。

前回は489ページと非常にぶ厚い本となりました。500部印刷したものの、全て販売することが出来ました。出版記念祝賀会に参加して頂きました皆様、また、直接にご購入して頂きました皆様から、非常に厚い本であるがために「読むのが大変」

との苦情を受けました。そのために今回は３４０ページ余りとしました。

私の残された人生の夢は、①再度中国に1年間留学すること、②自分史を発行すること、③ピースボート世界一周の旅に参加することです。株式会社ジャパングレイスが、毎年北欧&北極航路と南半球航路の世界一周を実施しています。今回の『福祉街道50年Ⅱ』を発行することにより、夢の一つである②は実現します。残された夢の一つは、①中国への1年間の留学体験です。実際にこれから72歳以降に語学留学を体験しても、とても中国語を覚えることは不可能です。語学は年齢的に早ければ早い程、学習の理解は可能です。その意味では、72歳以降の語学学習は遅いとの意見もあります。

私の場合は、大学に籍を置き、中国語の学習と同時に学割を使用して中国国内を旅行しようと思っています。また、家庭教師による個人学習を受け、学生の年齢が20歳前後であり、若い学生との交流で、私自身の若さを体験し、語学を身に付けるつもりです。③の世界一周の旅は、夫婦が現在の仕事を退職した際に実行予定です。

日本での男性の平均寿命は、現在の平成28年度では男性81歳、女性86歳です。私はこれまでの72歳までの人生を悔いのない人生であったと自負しています。残された人生も豊かな人生を歩みたいと思っています。中国の諺に、「活到老、学到老」、日本語では「生涯学習」の意味ですが是非、実践したいと決意しております。前回と同様に忌憚のない感想文を送って頂ければ幸いです。

平成29年4月

畠山　護三

目次

第一章　私の生い立ち

1　命名の謂れ

私は昭和19年7月10日、父喜三、母倍子の長男として広島県安芸郡矢野町（現・広島市安芸区矢野）で生まれました。名前の謂れは、昭和19年と言えば太平洋戦争の末期であり、日本はアメリカとの戦いで負け戦の最中でした。そこで父親は、日本の国を護ることを願って「護」、父親「喜三」の1文字を取り、「護三」と命名したとのことでした。矢野町役場の出生届には「もりそう」と届けていますが、大半の方には1回で「もりそう」と呼んで頂けません。

悪友は私の名前を「ごそう」とか「ごんぞう」と呼びます。何十年も交際していた親友が、ずっと私の名前を「ごんぞう」と呼んでおり、「はい」と返事をしていましたから、「ごんぞう」が正しい名前として長年通用していました。ある時、実は本当の名前は、「もりそう」ですと説明しましたら、びっくりしていました。謝ることしきりでした。

私の方が訂正しなかったことに原因があります。全国的に名前に「護」が付く方がおられます。例えば元熊本県の知事で、総理大臣を経験された「細川護熙」様は有名な方です。しかし、電話帳に「護三」と名前が付く方は見当たりません。親しい友人は、愛称を込めて「もりちゃん」、私の母は「もりさん」と呼びます。中国では「フーサン」です。

2　保育園時代

現在のような正式の保育園ではなく、尾崎神社の境内に神主が経営されていた保育園へ母に連れられて通っていましたが、何年通ったのかよく覚えていません。卒園式の写真では、私はセーラー服を着ています。母に聞くと、「家計に余裕がなく、他人のを貰い着用していた」とか。終戦直後であり、他の家と同様に我が家も物資不足の時代を反映していたのでしょう。

3　借家時代

私が生まれた家は、借家でした。昭和18年6月に父親が結婚した際には、矢野町真地に祖父母と同居していましたが、戦後、現在の借家に転居したものです。海岸から

20メートル近く離れた二軒長屋の一方に住んでおり、隣は浅井様が住んでおられました。当時、父親は三菱造船所江波工場に勤めており、職工でした。母親は洋裁の内職をしており、戦後、弟、妹、弟の3人が生まれ、両親と子供4人の6人家族でした。部屋数も台所と6畳と4・5畳の2部屋のみです。当然寝る部屋は、6畳の間に布団を敷いて子供全員が寝ることになります。プライバシーは全くありません。また、幼少時には水道が敷設されておらず、借家から100メートル程度、呉線の線路を渡った向かい側に設置された井戸水を毎日汲みに行っていました。水道が敷設されていませんので、当然のことに風呂もなく、町の中心部で営業されていた銭湯に通っていました。夏は桶に水を入れての行水です。私が矢野小学校に入学直後でしょうか、借家にもやっと町の上水道が設置されたのを機会に、父親が五右衛門風呂を設置して、銭湯を利用することはなくなりました。家に風呂場がないと、冬の期間、夜に銭湯から借家に帰る際に冷めてしまうことになります。当時の矢野町では、自宅にはほとんどの家庭で風呂が敷設されているのが普通で、私は子供の頃から羨ましく思っていました。

昭和26年4月、矢野小学校に入学後、母親が洋裁の内職をする場所として、父親が3畳程度の部屋を拡張したことを覚えています。私が矢野小学校の高学年になると、母親の依頼で洋服を縫う材料を町の中心に開店していた店に買いに行ったり、母が洋服を縫い終えると、私が注文された家まで持参していました。母の洋服代は安くて日本製鋼所広島工場の社宅に住む奥様からの注文が多く、結構繁盛していたらしく、子供ながらに母親の技術が自慢でした。当時、父親の給料額を覚えていませんが、大企業と言えども身分は現場の一般工員で役付きでもなく、父親の給料のみでは家族６人の生活には不足で、母親の内職収入で家族全員が本当に助かりました。

このような貧乏生活ですから、おやつとしては芋をふかして食べることが常食です。また、おやつの量で兄弟喧嘩をしたことを覚えています。現在の飽食の時代では兄弟間での喧嘩はありません。こづかいも小学校高学年になると、海に行き1升マスに貝を一杯採ってくると、母親から5円貰い、駄菓子屋に行くのが楽しみでした。借家で部屋が狭いために、矢野小学校及び矢野中学校を通じて友人を我が家に招待することはほとんどありませんでした。

昭和32年4月に矢野中学校に入学後も、個人用の勉強部屋はありません。弟と妹の共同で勉強することには抵抗があり、やむなく1畳の物置の部屋を整理して、臨時の勉強部屋として使用していました。昭和35年4月、海田高校1年生の時に、借家から新築の家に引っ越しました。引っ越し先は当時、畑でしたが、父親が住宅金融公庫付の日本住宅の家18坪を申し込み、新築が完成したものです。保証人は伯母の吉村ミサヨ様と同級生の相庭征治君の父親です。一般の銀行から融資を受けるよりも、住宅金融公庫の利子は安く、そのために全国からの応募者が多く、決定までに相当な時間を必要とします。何回で当選したのか覚えていませんが、我が家もやっと当選し住宅金融公庫の融資を受けることが出来ました。その後、弟と2人の6畳の子供部屋も増築され、2段ベッドで寝起きしていました。狭いながらも普通の生活を営むことが出来ましたことは、子供心に嬉しく、やっと友達を家に案内することが出来ました。

私は昭和51年8月に高陽ニュータウンA地区に転居して早40年以上になります。仕事の用事で矢野方面を車で通過する機会があります。時に元の借家を見に行くこともありますが、整地されて跡形も残っていません。隣に同級生の夏さんの家があって、当時父親はクリーニング店を営業されていましたが、現在は廃業されています。同じ長屋の浅井様一家、近所の花岡様一家にお会いする機会もありませんが、皆様どうされておられますか、気にかかります。

第二章　私の学歴

1　矢野町立矢野小学校入学

矢野小学校の沿革は、明治3年1月に長慶寺本堂に啓迪舎（けいてきしゃ）がつくられたのを前身としています。明治5年の学制発布以前のことです。明治21年4月には矢野尋常小学校と改称。明治40年4月には矢野尋常高等小学校と改称。昭和16年4月には矢野国民学校と改称。昭和22年4月には学制改革により矢野町立矢野小学校と改称され、木造2階建ての校舎でした。当時、校舎に入ると、「倹勤」（生活をひきしめ一心に勉強すること）と刻した岩山に、二宮金次郎少年が立っていました。校門の前を矢野川が流れていました（発喜会発行の『矢野町今昔写真手帳』（89ページ）より転記）。

1年生の担任は畠山シゲ子先生でした。私と苗字が同じであり、住所も私と同じ「大井」です。非常に優しい先生であったことを覚えています。1年と2年を担当して頂きました。1年と2年の成績表には、5段階評価で「やや優れ」の4。備考欄には、「研究努力賞授与」と記載されています。2年次の成績も同様です。備考欄には「理解力、書く力、優れて成績は優秀」です。その上、「大変真面目に努力をし、友人とも仲良く、友達の間に信望があって大変よろしい。図工は特に上手です。今後も油断せず、益々努力し、よい子供になってください。先生も大いに応援しています」と書かれています。2年生の3学期に、赤痢に罹患して26日間、当時の矢野町と海田町の境、西崎にあった赤痢患者が収容されていた病棟に入院していました。

3年生の担任は久留島恒二先生でした。先生は学校には海田町から通って来られていました。

4年生の担任は射場利久男先生です。広島大学教育学部を卒業されたばかりの青年教師。

安芸郡音戸町渡子(とのこ)の出身です。射場先生と言えば、平林のことを「たいらばやしかひらりんか、いちはちじゅうのもくもく。(以下略)」と習ったことを今でも鮮明に覚えています。前後の文章は忘れてしまいました。

坂町狩留家の海水浴場に泳ぎに行ったことを当時の写真を見て思い出します。先生には1年間ご指導を受けました。その後は、毎年の年賀はがきのみで失礼をしていました。先生からは「一度自宅に遊びに来てください」と誘いを受けていましたが、なかなかその機会がありませんでした。先生は安芸郡内の小学校に転任され、最後には倉橋島の鹿老渡小学校の校長先生で退職されました。先生宅に平成26年2月15日に、当初は夫婦と長女の3人で訪問の予定でしたが、妻に急用が生じ、やむなく私と長女の2人で訪問。訪問後、射場先生に次のようなお礼の手紙を投函しました。

「平成26年2月15日の午後1時頃、長女と2人で先生宅を訪問させて頂きました。昨年9月28日、私の出版記念及び古希を祝う会にご出席、祝辞を頂きまして、一度お礼にお伺いしなければと思いながら、大変遅くなりましたことお許しください。私は現在69歳の年齢で、5カ月後の7月10日には70歳となります。所謂『古希』の年齢で、海田高校の同期生では、平成26年3月21日に『古希を祝う会』を、また日本福祉大学同窓会の同期では、平成26年11月15日に名古屋で『古希を祝う会』を開催します。矢野小学校の同期生では、平成26年10月13日に『古希を祝う会』を予定しています。

矢野小学校の同期生で、10年前には『還暦を祝う会』を盛大に開催しました。『古希を祝う会』も盛大に開催すべく準備がされると思います。既に同期生の中には何人か他界されておられる方もいます。そのため、式の前には1分間の黙禱から始まります。私は60歳で広島県庁を退職後も、引き続き広島健康福祉技術専門学校、その後広島医療保健専門学校に勤務しています。本来は通信制の社会福祉学科の専任教員ですので、レポートの添削とスクーリングの際には、相談援助実習指導、演習を担当しています。昼間は精神保健福祉学科、保育介護福祉学科、広島都市学園大学看護学科、リハビリテーション学科の学生に非常勤で教えています。

最初は新米の教師で失敗ばかり続いていましたが、その後慣れました。今年の3月で9年目が終わります。残り1年の勤務で10年間の契約が終了します。古澤敏昭理事長から70歳後も引き続き講師の要請を受けていますが、丁重に断る予定です。残された10年余りの人生に三つの夢を持っています。

①本を出版すること。↓平成25年の9月28日に自分史『福祉街道50年』を自費出版しました。現在の私の文章力では少し無理かと思いますが、次回は本屋の店頭で販売出来るような本を、何とか努力して出版にこぎ着けたいです。

②再度1年間の中国留学を実現すること。↓7年前にも中国・大連の遼寧師範大学対外漢語学院に3カ月短期留学しましたが、中国語を少し齧った程度で、全く話すことも出来ませんでした。次回は少なくとも1年間は留学したいです。

③夫婦でバス等の小旅行を楽しんでいますが、夫婦とも常勤で働いており、長期の旅行が出来ません。学校を退職して、世界一周のピースボートに乗船して、3カ月間旅行をしたいです。

人生において夢を持つことは、生きがい対策にもなります。昼間の学生には、中国の諺である「活到老、学到老」を教えています。日本語の意味は、『生涯学習』です。自分史『福祉街道50年』の30ページに先生の思い出を少し書かせて頂きました。先生の住んでおられます音戸町は、5年に一度の歴史絵巻《清盛祭》と日本3大舟唄の一つ《音戸の舟唄》で有名です。その後、夫婦で再度訪問しました。射場先生とお逢いした後は、倉橋町までドライブです」

5年生の担任は藤井三女先生です。申し訳ありませんが、先生の思い出を忘れてしまいました。

6年生の担任は藪根文江先生です。当時の成績表が残っていました。私の成績は、5段階評価で国語4、社会4、算数4、理科4、音楽4、図画工作4、家庭4、体育3でした。クラスで中の上でしょうか。5の評価が一つもないにもかかわらず広島市内の私立の中学校を受験することになりました。受験の動機を覚えていません。藪根先生の長男宏君も同級生であり、他の受験生も含めて数人が先生の家で補習を受けることになりました。当時の広島市内の有名校は、男子は広島学院中学、広大附属中学、修道中学の順番でしょうか。女子学生は清心女子中学、広島女学院中学、安田女子中学の順番でしょうか。広島では中・高一貫校で、進学校として有名です。広島学院中学には、矢野小学校からは私の他2人が受験。私は奇跡的に一次試験に合格、自分でも信じられませんでしたが二次試験は不合格。結果的には矢野小学校からは野島義久君1人のみ合格です。4クラスあった学級も、1クラスは広島市内の私立中学に通い、残りの3クラスが地元の中学校に入学です。昭和32年3月に同小学校を卒業しました。卒業式の際には、卒業生が恩師に感謝を表す歌として「仰げば尊し」を歌ったことを思い出します。この歌は、1884（明治17）年に発表された唱歌。明治から昭和にかけて学校の卒業式で広く歌われ親しまれてきました。現在の学校ではあまり歌われていませんが、私どもの年齢になると、卒業式と言えば、「仰げば尊し」と結びつきます。

また、転勤される先生の送別会で「師の恩」の歌を歌ったことを思い出します。私の心に深く沁み込んでいます。現在の学校では、ほとんど歌われていませんので、歌詞を忘れた者も大半です。

師の恩

文読む技を教えまし
もの書くことを授けまし
海より深き師の恵み
山より高き師の情け
忘るるなかれ忘るるな
忘るるなかれ忘るるな

2　矢野町立矢野中学校入学

矢野中学校の沿革は、昭和22年4月に鼓浦中学校が創立され、矢野町内の生徒が通学していました。昭和22年5月に現在の海田中学校にあった、海田・船越・矢野組合立鼓浦中学校から分離して、矢野小学校内に矢野中学校が創設されました。私が入学した当時の校長先生は、昭和32年4月に坂中学校から就任された奥村信夫先生でした。1年の担任教員は佐野基夫先生です。北海道・函館水産大学を卒業された理科の先生でした。先生は矢野中学校を退任後は広島市内の中学校に勤務され、定年で退職後、三重県多気郡多気町に帰られました。私が昭和38年4月に名古屋の日本福祉大学に入学後、学生時代、広島に帰る途中に一度先生宅を訪問したことがあります。奥様が豊田郡豊町大長の出身とか。私の妻と同郷で旧姓が「山本」と同じで、遠い親戚に当たるのには驚きました。

2年と3年は垰森武雄先生、安芸郡海田町に住んでおられ、広大教育学部体育学科を卒業された先生です。私にとって担任教員と同時に、陸上競技部顧問の先生でもあり、特別に指導を受けました。矢野中学校から県立海田高校に転任され、定年後には広島国際学院大学で体育の教官に転職されたことを聞きました。残念ながらクラス会を開催する機会が少なく、お逢いすることがありません。

1学年が127人でクラスはA、B、Cの3クラスに分かれており、私はBクラスに所属。成績は42人中3位から5位の間で、上位に位置していました。その関係か2年次には学級委員に選出されたこともあります。

①中国中学校駅伝参加

矢野中学校に入学すると同時にサークルは陸上競技部に入りました。100メートル、200メートルの短距離からマラソンも毎日練習していました。短距離の試合で安芸郡の大会に選手として出場したこともありますが、入賞したことはありませんでした。校内での秋の運動会では当然に1番か2番でした。また、主に長距離選手の憧れである中国新聞社が主催する「中国中学校駅伝」に出場しました。平成16年10月発行の矢野郷土文化研究サークル発喜会（会長・楠精洲）発行の『矢野川』143ページに掲載の、山本雅典様の「幻の『中学矢野校』少年駅伝メンバー」の記事によれば、広島県内では最も権威のある大会で、呉と広島間30キロメートルを8人でリレーして走ります。「当初の名前は、少年駅伝だったが、戦後中国中学校駅伝に変更、1年を締めくくる恒例行事として定着していた。学校関係者はもちろん、沿道で応援する住民を熱くさせるものである。さながら師走の風物詩であった。この大会はその後の交通事情の悪化などのため、コースが変更されたりして昭和40年、第26回でその歴史の幕を閉じた」と書かれています。私が参加したのは昭和33年の第19回と昭和34年の第20回の駅伝でした。

このように中学校2年生と3年生の時に、この中国中学校駅伝に出場することが出来ましたことは、私にとって誇りです。と言っても矢野中学校の順位は下から数えた方が早かったのです。私の担当区間は小屋浦から坂までの4キロメートルでした。この区間を地元の住民から応援を受けて走ったことを覚えています。卒業時には、安芸郡体育協会の会長表彰を受けました。

②生徒会役員に立候補

2年次に生徒会の役員に立候補したことがあります。生徒会長は三好征夫君、副会長は河内正彦君と亀山美千子さん、それに会計で構成されており、他に高山重信君も役員をされていました。私は会計の役員に立候補しました。対立候補は川手一征君で、選挙運動等の結果私が当選することが出来ました。

毎週月曜日の朝礼では、教育基本法第一条が生徒手帳に明記されており、役員は前に並び、三好生徒会長のリードで全員が朗読します。（昭和22年法律第25号）教育基本法「第一条（教育の目的）教育は、人格の完成をめざし、平和的な国家及び社会の形成者として、真理と正義を愛し、個人の価値をたっとび、勤労と責任を重んじ、自主的精神に充ちた心身ともに健康な国民の育成を期して行われなければならない」。中学校を卒業して早57年が経ちましたが、教育基本法の第一条のみは何故か覚えています（注：平成18年の改正で多少今と違っています）。

教育基本法は、その名のとおり、日本の教育に関する根本的・基礎的な法律で昭和22年に制定されました。この法律は、教育に関するさまざまな法令の運用や解釈の基準となる性格を持つことから「教育憲法」と呼ばれることもあります。私が入学した昭和32年は、戦後12年間しか経過しておらず、戦前の教育勅語の反省から、日本国憲法に示された理想の実現が基本的に教育の力によると明記されました。

③図書委員に選出

矢野中学校入学と同時に、クラスから図書委員を選出することになり、何故か私が選出されました。各クラスから選出された図書委員が図書部を構成しています。顧問の先生は、船越町から来られていました友田先生です。2年生の時に1年生のAさんが図書部に入部されました。かわいい女生徒であり好意を持ちましたが、話しかけが出来ません。遠くから見ているだけでした。それが初恋でしょうか。狭い町内ですから、自転車に乗っている最中に、偶然に出会うことがあります。その時の嬉しさと恥ずかしさを体験したことを今でも覚えています。

④進路相談

中学校の3年間で、成績はクラスで上位5番以内でしたが、昭和34年4月、3年生に進級後、中卒後の進路として、家庭の経済を考慮して呉市に開校していた海上自衛隊術科学校の少年自衛官を目指したこともありました。少年自衛官と称するように、中学校卒業後に入校する学校です。その理由は、毎月の手当と県立国泰寺高校の通信教育を受講することにより高卒の資格が可能で、私のような経済的に困窮の家庭には好都合でした。最終的には受験を断念しました。その理由を残念ながら覚えていません。

次に検討したのが、養成工の制度です。この制度は戦前からありました。養成工制度の歴史の中では、明治32年設立の三菱長崎造船所の三菱工業予備学校、明治43年設立の日立鉱山の徒弟養成所、八幡製鉄所の幼年職工養成所などが記載されています。企業が当時の尋常小学校、高等小学校を卒業した若年者を見習工として採用し、企業内教育で基幹工を養成するようになりました。この企業内で基幹工を育成する養成工制度は第一次大戦後、製造業の大企業を中心に普及しました。しかしながら昭和19年には、戦況の悪化で、養成期間が当初の3年から1年に短縮されたことで崩壊しました。

終戦後の昭和22年に、労働基準法第7章「技能者の養成」に関する規定が設けられ、養成工制度の再開が試みられました。昭和26年頃から、この「技能者養成規定」による新制中学卒業者の養成工育成が急速に普及しました。

広島県内では、経済困難な生徒に対して毎月の給料を受給しながら、3年間で養成工を養成し、高卒の資格も通信教育で取得することが可能です。このように3年間、無料で会社の学校で大卒のエリート社員から授業・実技を受け、通信教育と提携して高卒の資格を取得することが出来ます。私の家庭には最適の制度です。このような制度がある会社は広島県内には3社ありました。①東洋工業②三菱広島造船所③日本製鋼所広島工場です。

私は、家から近く、従姉のご主人今井正登様が広大工学部を卒業して東洋工業に入社後、技師として働いておられたので、配慮を期待して東洋工業を受験しました。矢野中学校から私を含めて数人が受験したものの、競争率は非常に厳しく、合格者は高田吉峯君1人だけでした。他の者は私を含めて全員不合格です。私は東洋工業内の養成所受験に失敗した結果、父親に高校入学を頼みました。次の進路として、就職する際に手に技術を取得すれば就職が有利であるとの認識で、当初は県立広島工業高等学校機械科を受験する予定でした。受験の手続きをする際になって、私には工業系の学校よりも普通科系の学校が適していると思い、直前になって地元の県立海田高校の普通科を受験することに変更しました。

当時広島県では総合選抜制が実施されており、安芸郡部に住む中学生は、県立広島工業高校とか県立広島商業高校には通学出来ますが、広島市内の普通高校には通うことが出来ませんでした。広島市内の中学生は、成績の順番で市内5校（観音・舟入・基町・皆実・国泰寺）に振り分けされます。安芸郡内の中学生が通学することが出来るのは県立海田高校と県立音戸高校の2校のみです。音戸高校は倉橋島の音戸町に設置されており、安芸郡の島しょ部である音戸町、倉橋町の中学生が通う高校です。安芸郡陸地部に住む中学生は県立海田高校しか通うことが出来ません。県立高校に万が一不合格となれば高校進学が出来ませんので、滑り止めで私立の電機高校も受験しました。幸いにも両方の高校に合格しましたが、経済的な理由もあって第一志望校である県立海田高校に決めました。昭和35年3月12日に矢野町立矢野中学校を卒業しました。

矢野中学校校歌

作歌　葛原　しげる
作曲　弘田　竜太郎

1

朝日夕日にそびえ立ち
眺めはるけき矢野城は
理想も高きしるしとて
果たせよ務を
みがけよ我をと
中学矢野校
中学矢野校
楽しの学舎

2

清き流れを集えつつ
夜昼そそぐ矢野川の
望みの海へ急ぐごと
力をあわせて
いそしみ励めと

中学矢野校
中学矢野校
楽しの学舎

3

歴史も古き我が郷土の
地の利を得たる喜びに
文化の花の香も高う
平和の鐘の音
世界の果てまで
中学矢野校
中学矢野校
楽しの学舎

3　広島県立海田高等学校入学

県立海田高校は、戦前の昭和17年4月に、当時県立海田高等女学校として旧海田市小学校の一隅でスタートし、戦後の昭和24年に学制改革で県立海田市高等学校となり、男女共学となりました。昭和24年5月9日、県下46校で一斉に新制高等学校の開校式が行われました。普通科と家庭科の2学科で、生徒数は424人（普通科男子168人、女子60人、家政科196人）と小規模の学校です。学区は、海田市町、奥海田町、矢野町、船越町、中野村、畑賀村、瀬野村、熊野跡村、熊野町、坂村の10カ町村で安芸郡陸地部における唯一の公立高校でした。

昭和32年4月に、校名変更で現在の県立海田高等学校となりました。入学時、体育館での入学式に参加。校舎は、昭和28年10月24日、運動会の前夜に火災で講堂を除いて校舎が全焼し、1年生と2年生は船越中学と海田中学の教室を借りて授業を受けていました。3年生は、畜産共進会の畜舎を移転し講堂を間仕切りして3教室として使用していました。その後、海田市町の沖の割5040坪が英豪軍接収の解除となって、敷地として使用し校舎も逐次竣工して昭和34年には第四棟第二期工事で完成しました。私は新校舎が完成した翌年の昭和35年4月に入学しました。3年間、矢野から自転車通学をしていました。高校の前にはブドウ畑があったことを覚えています。入学時の1年生の担任教員は狭間富士夫先生、2年生の担任教員は近藤四郎先生、3年生の担任教員は木村重治先生でした。昭和36年1月8日、仮講堂が焼失するなど二度も火事となり、珍しいことです。

高校時代の思い出としては、1年生の夏、山口県光市の山口大学光分校の校舎を借りて、サマーキャンプを体験したことです。室積海水浴場に近く、ここから沖までの遠泳を体験しました。幼少時から海の近くに住んでおり、水泳には慣れていましたが、遠泳となると別です。先生が小舟に乗り、見守ってくれますが、何とか同級生とともに泳ぎ切ることが出来ました。

①JRC（青少年赤十字団）活動

海田高校に入学と同時に、サークルはJRCに加入しました。JRCとはJunior Red Crossの略で、青少年赤十字団の意味です。幼稚園から高校までの子供達と教師が、学校という場を通じて赤十字の理念を実践するための活動です。1922年に国際赤十字の事業の一環として始まりました。海田高校のJRCは児童養護施設である広島修道院の慰問、雨天の際に傘の貸し出し、全国で災害が発生した場合の募金集め等が主な活動で、県内の各県立高校に組織されていました。各校を全体として組織していたのが広島県青少年赤十字連絡協議会です。当時、広島市千田町の日赤広島県支部に事務局が設置されていました。2年次には呉の海上保安大学校、3年次には尾道ユースホステルで開催されたトレーニングセンターに参加したことを覚えています。また、3年次には広島県青少年赤十字連絡協議会の会長に選出されました。広島日赤病院の隣の、日本赤十字社広島県支部の建物が会議の場です。ここに福原主事が勤務されており、指導を受けました。各学校のＪＲＣ会員と交流するうちに、将来は福祉関係の道を歩むことに関心を持ちました。

②進路指導

高校卒業後の進路としては、当初は家庭の事情で大学進学を諦めて就職を予定していました。地方公務員である広島県の初級事務職を受験したものの不合格。国家公務員の初級職、「特殊業務職」を受験し、幸いにも合格することが出来ました。「特殊業務職」とは、男性のみ受験出来る職種で、採用された場合には、公安調査庁等の仕事に就くことになります。昭和38年当時の初任給が月１２、０００円と安く、就職することを断念し父親に大学進学の許可を求めました。私の成績が上位であれば国立1期校か2期校を受験し、合格すれば授業料が当時で年間２４、０００円と安く、経済的にも助かります。しかしながら私の成績はクラスで中位であり、特に数学と理科の科目は最低の成績、受験希望を相談してもとても進路指導部から許可されません。やむなく私立の大学を選定するしか方法はありません。父が勤務する会社から奨学金を借り、日本育英会の奨学金、家からの送金とアルバイトで何とか授業料と下宿代の支払いに見通しが立ち、父から受験の承諾を受けました。

当時、普通科クラスの男子学生は、私立大文科系の学生は、商学部か法学部に進学する者が大半でしたが、私は他の男子学生と比較して反対のコースを選び、ＪＲＣ活動を体験する中で、福祉系の大学進学を考えていました。当時、全国で福祉系の単科大学は、①仙台にある東北福祉大学②東京の原宿、昔の海軍会館の施設に設立された日本社会事業大学③名古屋市内に設立された日本福祉大学④大阪市内に設立された短期大学の４校でした。①は広島から遠方であり、往復の旅費がかかるから断念。②は私立の学校でしたが、厚生省の援助を受けており準国立級、数学の試験が実施されており、私は数学が苦手で断念。④の大阪府立短期大学は２年で卒業することになり、せめて４年間は在籍したいとの気持ちで断念。最終的には③の日本福祉大学を選択しました。受験の地方会場として広島大学が可能でした。幸いにも広島大学で受験して合格することが出来ました。滑り止めとして愛知大学も広島で受験し、合格しました。

愛知大学は戦後の旧制大学で、明治33年中国・上海に設立された最も古い日本の「海外高等機関」である東亜同文書院を母体として設立された大学です。豊橋の旧陸軍予備士官学校の跡地に設立されていました。

私は両方とも合格しましたが、第一志望である日本福祉大学は私立の大学ですから、試験科目は国語、英語、社会の3科目です。広島会場での受験生は二十数名でした。中国新聞にも合格者が発表され、大学からも合格通知が届きました。昭和38年3月に広島県立海田高等学校を卒業しました。

4　日本福祉大学社会福祉学部社会福祉学科入学

名古屋には親戚もなく、借家時代に隣に住んでいた浅井様の紹介で河村牧逸様の2階を間借りすることになりました。住所は名古屋市中村区中村本町で中村郵便局の近くです。市内電車で、大学のある杁中（いりなか）まで1時間余りかけて通っていました。学生服は高校時代の学生服にボタンのみ大学用に替え、大学帽は使用していません。代わりにトレイド用の帽子を購入して着用していました。教科書等を保管するためのカバンを購入するお金がなく、従姉の吉村玲子様のカバンを譲り受け、女性用のカバンでしたので、黒のマジックで塗りつぶして男性用のカバンとして使用していました。冬のオーバーも購入するお金がなく、従兄の吉村幸男様のオーバーを譲り受けて使用していました。体格に合わずダブダブです。他の学友の服装も、私の服装とあまり変わりがありません。隣接する南山大学の学生と比較すると一目瞭然に違いが判明します。

①日本福祉大学の歴史

日本福祉大学は、昭和28年4月1日、中部社会事業短期大学としてスタート。日蓮宗法音寺派の僧侶・鈴木修学先生を創立者に、顧問には村松常雄先生を迎え、名古屋市昭和区滝川町に誕生しました。沼地を埋め立てて建てられており、地域では「マッチ工場」として有名でした。第一回の入学者は全国から80人、「建学の精神」に燃えて入学しました。学生の大半は寮生であり、少人数の学生で教職員との交流も盛んで、家庭的な雰囲気に満ち溢れていました。食堂も、当初は大学が経営していましたが、大学の近くで食堂を経営していた「清楽」に引き継がれ、昭和36年度から生活協同組合が引き受けました。

昭和30年4月には中部社会事業学校を併設し、短期大学を修了した学生が入学、昭和32年4月に全国の福祉系大学の中で最初に4年制の大学に昇格し、全国で初めて社会福祉学部が誕生しました。昭和33年4月には附属立花高校を設立。私学では珍しく男女共学でした。昭和34年9月、名古屋を中心に伊勢湾台風が襲来して多くの被害者が出ました。多くの学生が救援活動に参加し、被災された方から感謝の言葉を受けました。教員と学生の一体となったこの救済活動を契機に、日本福祉大学の校名が広く知られることになりました。

昭和37年7月、鈴木修学先生が逝去されました。日本福祉大学の設立者、宗教家でもある先生の理想の世界平和、人類の福祉実現の目標が本学の学生に受け継がれました。昭和38年4月には女子短大部生活科増設、同年10月には図書館の着工。

私は偶然にも大学創立の10周年時に入学しました。学費は入学金10、000円、授業料は年間で34、000円、厚生費5、000円、施設整備費28、000円、図書費1、000円、自治会の入会費500円、自治会費1、000円の計79、500円でした。入学式は昭和38年4月15日、106教室で開催されました。大学内には勢和寮があり、経済的に恵まれない者が優先的に入寮許可されます。当時の定員は50人、新寮の寮費は月1、200円、旧寮は月600円の安さです。他に光熱水道料として月200円が必要です。私の場合は、入寮の手続きをする前に、下宿先が決定しておりましたので寮の申し込みは断念しました。

事前に送付された大学のパンフレットでは正面玄関から入る建物でしたが、大半の学生はバスと電車の停留所に近い裏門から入っていました。電車の停留所である杁中で下車、喫茶店「スワン」の前から清楽を通ります。左側には聖霊病院があります。薬局の前から裏門に入ります。裏門の左側には生協の食堂、東寮、図書館、短大の教室、真ん中に運動場、右側に事務室、教室、研究室などが入る鉄筋の建物があります。語学の授業以外は１０６号室の講義室で授業を受けていました。専門課程に入ると、社会事業専攻、児童福祉専攻、教育福祉専攻、福祉行政専攻、産業福祉専攻と分かれます。私の場合は卒業後、福祉事務所で生活保護のケースワーカーを希望しており、福祉行政のコースを専攻しました。

②家計簿（支出簿）の記入

初めての下宿生活であり、毎日の家計簿（支出簿）をノートに記入していましたが、保管が悪く4年間の家計簿が見つかりません。ここに入学時の昭和42年4月から昭和43年12月までのノート1冊が発見されました。

当時の市電は15円、バス代15円、朝食・昼食・夕食代は学内生活協同組合食堂の料金です。毎日、下宿と学校の往復であり、質素な学生生活がスタートしました。

③根の上キャンプセミナーへ参加

入学して最初の行事が、キャンプセミナーの参加です。7月1日から3日までの2泊3日の日程で、岐阜県中津川市根の上高原の名古屋ＹＭＣＡキャンプサイトでのキャンプセミナーです。

場所は、国鉄中央線中津川駅よりバスで約1時間、12キロメートル程度南の山へ入ったところにあり、敷地約5、300平方メートル、海抜970メートルの高所です。夏でも涼しく、野鳥の種類の多いことはツツジの美と共に自然観察の絶好の場所です。参加者45人、教職員4人、YMCAスタッフ2人の合計参加数51人。チーフリーダーは秦野正信様、サブリーダーは中根千鶴子様。

7月1日の日程は8時30分に名古屋駅構内の「金の柱」に集合、9時23分に出発、11時50分に到着。バスでキャンプ場へ出発し13時30分に到着。昼食後自由時間、17時00分夕食用意、19時30分にキャンプファイア、22時00分就寝。

7月2日の日程は7時30分朝食、8時30分討論会＝初恋について、10時00分スカウトハイク、12時00分昼食、14時00分ゲーム・ソング、18時00分夕食、19時30分ボンファイア、22時00分就寝。

7月3日の日程は7時00分朝食、8時30分スポーツ、11時30分昼食、13時00分帰路。15時22分大井駅到着。

事前に校内でオリエンテーション、リーダー会を3回開催して点検後に出発です。

4月15日に入学後学校生活が始まりましたが、同じクラスでも話す機会が少なく、一般的な付き合いとなっていましたが、同じキャビンに泊まり、行事に参加する中で急速に親密となり、お互いに愛称で呼び合うなど効果は150％以上です。

④経済学研究会に入会

入学して間もなくサークルの勧誘を受けます。偶然に経済学研究会の学生に誘われて入会しました。当時の1年生であった内藤則臣氏、友田国男氏とは同じCクラスです。他に磯部修己氏、宮坂和子さん達も入会されていました。入会して初めて知ったのはマルクス経済学を学習する会でした。経済学の学説は大きく分けて、マルクス経済学と近代経済学の2学説があることを初めて知りました。学習のテキストに『経済学教科書』を使用します。マルクス経済学の初歩から最終的には『資本論』を読むことが目標ですが、福祉系の学生にとっては経済学の基礎知識がなく、理解することが困難です。でも、週に1回部屋に集まり、会員と共に学習することも楽しみです。3年次には会長に就任、4年次には自治会の下部組織であるサークル協議会の議長に就任しました。

サークル活動の影響か、4年次の卒業論文は経済学のテーマを選びました。当時の学生には卒業論文の執筆は卒業の要件にはなく選択科目でした。私は敢えて卒業論文の執筆に挑戦して、柴田政義先生に指導教官をお願いしました。柴田先生は戦前に旧海軍兵学校に入学されましたが、昭和20年8月15日の終戦で、旧海軍兵学校が廃校となり戦後大阪商大（現在の大阪市立大学）に編入学され、大学卒業後は高校の教師もされていました。公民館でロシア語を独学でマスターされた先生です。日本福祉大学には昭和40年4月に赴任され、私は直接講義、ゼミを受けたことがありません。基礎学力が不足している私に研究室で丁重に指導して頂きました。先生は研究室で寝泊まりするために、簡易ベッドを室内に設置されていました。下宿は大学の近くのアパートですが、帰るのが遅くなり、研究室で寝泊まりされていました。研究室にはウイスキーが何本か置いてあり、アルコールに強い先生で、言葉は完全に関西弁であり大阪では有名な先生との噂です。

私の卒業論文のテーマは、福祉系のテーマではなく、経済学部の学生が執筆する「高度経済政策下における経済的諸条件と資本の蓄積について」です。マルクス経済学の本質です。私にとって初めての卒業論文で、提出期限の昭和42年1月末に柴田先生に提出しました。

卒業論文については、私にとって痛恨の思い出があります。それは、昭和42年3月に卒業して、広島県の職員として可部福祉事務所で働いていましたが、ある日、柴田先生から手紙を受理。手紙の概要は「畠山君には大変申し訳ないが、実は畠山君から提出された卒業論文を学校に提出する段階で紛失した。再度執筆して自宅まで送付してほしい」ということでした。最初に手紙を読んだ時には、ビックリするのも当然です。幸いに原稿の控えノートが残っており、再度執筆です。2週間後に速達で提出しましたが、折り返し先生から丁重なお礼の手紙を受け取りました。「名古屋から広島に帰る途中、自宅の芦屋に寄ってください。ご馳走します」との内容です。大学の同窓会の用事等で年に何回も新幹線で名古屋に行く機会があり、帰路、名古屋から神戸に近づくと芦屋を通過します。その内に一度は途中下車して先生の自宅を訪問したいと思っていましたが、実行出来ませんでした。2年前頃でしょうか、新聞で先生のご逝去を知り、私の甘い願いは実現出来ませんでした。

私の思い出がある卒業論文は、その後一定期間が経過後、卒業生である私からの請求により返却され、現在は私が保管しています。包装された卒業論文を開けると、最初のページに「41—142　43・4・25図書館蔵書972号日本福祉大学図書館」とスタンプが押してあります。この意味は、昭和41年度142番と、後ろのページには、貸出期間票が貼ってあります。図書館に陳列されていた当時、学生からの利用者は1人もありませんでした。卒業論文として学術的にあまりに低位であり、貸し出しの対象にならないのも当然の結果です。

⑤彦根市武奈町での合宿

毎年夏には彦根市武奈町で合宿です。地理的には彦根市北東部の霊仙山山中の標高約500メートルに位置する山里。中世には坂田郡箕浦荘、現在の米原市西部から武奈町にかけての地域に属していました。その後彦根藩領となり、村高は江戸時代を通じて65石余で変動しませんでした。明治7年10月に南隣の妙幸村を合併し、明治22年に周辺13村と合併して坂田郡鳥居本村大字武奈となりました。鳥居本村は昭和27年4月1日に彦根市に編入され、現在の彦根市武奈町となりました。『滋賀県物産誌』によると、明治13年当時の武奈村は人口154人で戸数37、全戸が農家でゴボウやサトイモなどを米原村に出荷していたほか、村民の多くは採薪や炭焼きで生計を立てていましたが、山間の水利・交通とも不便な土地であるため、太平洋戦争後に離村する住民が相次ぎ、現在は廃村となりました。

私達、経研の部員は、毎年8月の下旬に、1週間あまりお寺に泊まっての合宿生活を続けておりました。お寺は浄土真宗東本願寺派の厳因寺。大学の宇治谷先生の姉宇治

厳因寺にて経済学研究会の合宿（昭和41年8月、彦根市武奈町）

谷若千代様が住職をされており、私が入学する前から合宿が続けられていました。事前に名古屋駅の裏の市場で食材を購入して、現地まで分担して運搬します。お寺までは車で通うことも出来ますが、私達は東海道本線の醒ヶ井駅で下車、バスで滋賀県立醒ヶ井養鱒場に行きます。県立の養鱒場で一般の人は入場料が必要ですが、私達は通過するだけなので免除してもらっていました。そこから歩くこと1時間余りかかります。市内からかなり離れた集落であり、家屋は十数軒で、住民は椎茸栽培、林業で生計を維持されています。小学校は分級で複式学級です。

住職宇治谷若千代様と筆者

参加者は朝食・昼食・夕食の当番を決め、自給自足の生活です。食材が不足すれば養鱒場まで行き、買い出しをします。午前中と午後はお寺の広間で学習会、風呂は民家の風呂を借ります。川が冷たくてジュース等の飲料水を冷やして飲むのが最高です。レクリエーションとしては吹雪山を登山することです。毎年8月の末に武奈での合宿生活が楽しみでした。大学時代は計4回の合宿生活を体験しました。

卒業後も有志で1回登山を計画したこともあります。JR彦根駅に集合して車の相乗りで武奈に行きます。経研と言えば「武奈での合宿」と言う程に思い出があります。ここのお寺に、当時中学校1年生の竹内恵子さんが養女として生活されていました。当時私が大学1年生の19歳、現在、私は72歳となり、彼女も66歳、既に結婚されて風の便りによれば神奈川県に住んでおられるとか、一度再会を期待しています。

お寺の住職である宇治谷若千代様とは、私が中央児童相談所に転勤した際、滋賀県大津市で児童福祉司の全国児童相談所スーパーバイザー研修会が開催され、研修会が終了後、武奈から下山され彦根市鳥居本町の浄土真宗東本願寺派のお寺で生活されていた時に訪問したことがあります。バスとタクシーを利用してやっとお寺を発見しました。実弟である宇治谷先生も年に数回、名古屋から東名高速道路を経由して来られることを聞きました。先生の蔵書も保管されています。宇治谷様と暫く歓談しましたが、その内容は覚えていません。

宇治谷若千代様には、私が昭和42年4月に広島県庁に就職後、毎年、年末のボーナス支給日に本を1冊購入して、贈呈していましたが、それも10年余りで途切れました。現在は年賀はがきの交流も途絶えており、どうされておられますか心配です。

⑥文集『つち』発行

経済学研究会では、昭和33年度から年1回、定期的に文集『つち』を発行しており、昭和41年12月20日に経研書記局より発行された第8号の中に私の雑文が掲載されていますのでそれを転載します。

『賃金・価格及び利潤』を読んでの感想文　4年　畠山　護三

マルクス主義経済学の根本的諸問題を簡素明瞭に叙述されたこの書は、「賃金と資本」と共にマルクス経済学を学ぶ私達にとって最良の入門書であり、精読、吟味することにより、「資本論」への門戸を必然的に叩かせる要因を秘めている。この良書は、今日独占資本主義のイデオロギー攻撃に対して、私達自身の「人生いかに生きるべきか」をこの書全体の構成の中から把握することが出来る。この書は、私にとって最も思い出深い本の1冊である。それは大学入学後まもなく、サークルの丹羽先輩から勧められ、理解出来ぬまま読んだのがこの本であった。それ故、今この本を読んでいる時、非常に親密感を感じる次第である。この本は、1865年「国際労働者協会」の中央評議会で、オーエン主義者ウエストが問題を提起したのに対して、マルクスが反論するために講演した内容である。

マルクスはウエスト君の命題「一般的な賃金値上げは労働者達にとって、何の役にも立たない。それ故労働組合は有害である」に対して、会議に参加している者全員に対して、理解出来る平易な用語で、如何に彼ウエスト君の理論が間違っているか、そして人々を欺いているかを詳しく述べている。

これは親友エンゲルスに書いた手紙の中で、この時の事情を、「私は即席の考えでやっつける他はない。もちろん私は次の2つの要点の事をもとより承知だ。（一）労賃は諸商品の価格を決定する。（二）今日もし資本家が4シリング支払うなら、明日、彼らは4シリングの代りに5シリングで自分達の商品を売るであろう。…」と述べていることにより明らかである。そして以下、彼ウエスト君の無意味な理論は続く。「貨幣価値の一般的騰貴の結果として、同じ賃金を支払う者により多く通貨が必要とされるであろう。…」と。これに対してマルクスは19世紀ヨーロッパの通貨情勢を具体的に、例にとりながら全く皮肉的に反論している。

そして彼、ウエスト君の理論を要約化すれば、「諸商品の価格は、賃金によって決定又は規制される」。別の言葉で表現するとすれば、「価値は価値によって決定される」となり、彼、ウエスト君の理論をマルクスは全く皮肉的に述べており、私自身「成程」と頷くと同時に、マルクスの文章に対して深い同感を覚える次第である。（以下略）

⑦ボーイスカウト時代

大学に入学後、ボーイスカウトの指導者資格を付与する講習会が開催されることを中国新聞の記事で知りました。地元で開催され、早速申し込みました。昭和38年8月17日から19日の3日間、日本ボーイスカウト広島県連盟・広島県教育委員会主催の「第二回指導者講習会」が広島県安佐郡祇園町（現・広島市安佐南区祇園）勝想寺で開催され、参加しました。講習会の目的は、「ボーイスカウト運動と組織を通じて少年達の社会教育を行う。それは少年達の自発的活動によって良き公民となることを、楽しいゲームを通じて正しく導き、良きアドバイスの出来る指導者を養成する」ことにあります。この講習会を修了すると「ボーイスカウト指導者資格」を付与されます。修了後、広島県連盟から愛知県連盟に紹介していただき、名古屋18団のボーイスカウトに所属、下部組織であるカブスカウトの副隊長に任命されました。カブスカウトとは、ボーイスカウトの中で小学校3年生か

日本ボーイスカウト愛知県連盟名古屋31団年少隊隊長（昭和41年10月）

ら小学校5年生までの少年を対象として活動する部門です。隊長の福井様は非常に熱心な方で、多くのことを学びました。その後、名古屋18団から分かれて名古屋31団年少スカウト隊に所属し、カブスカウトの隊長として卒業までの計1年3カ月間活動しました。

集会は毎週の日曜日に開催しており、月に2回、瑞穂グラウンドか平針神社の境内で行います。下宿先から集合場所まではバスを利用しますが、ボーイスカウトの制服を着用します。最初は、乗客から見られて恥ずかしい気持ちがありましたが、慣れると普通です。制服を着用しますと気分が引き締まるのはどうしてでしょうか。大学の同級生の中に、豊田市で活動されていました千賀恒夫氏がおられました。一度千賀氏の住む豊田市に行ったことがあります。一番の思い出は、第四回の日本ジャンボリーに参加したことです。当時の要綱を保管していましたので紹介します。

団委員長

育成会員殿

日本ジャンボリー参観について

三指　平素はボーイスカウト育成発展のため多大のご協力を賜り厚くお礼を申し上

げます。さて、題記についてボーイスカウト最大の行事である第四回日本ジャンボリー参観について、下記により第18団と合同で参加しますので「スカウト」はもとより「ご父兄ご子弟」のご参加をお願い申し上げます。

記

1、実施日時　昭和41年8月6日（土）から8日（月）の3日間
2、場　所　岡山県　日本原
3、実施要領　出発　8月6日（土）8時30分鶴舞公園市公会堂前集合
9時00分貸切観光バスにて出発昼食各自携行
（以下略）
4、参観者費用
大人　中学生以上1人5500円　小人1人5000円
参観者は7月17日までに所定申込用紙に必要事項記載の上、金額をそえて会計委員朝岡までご納入下さい。
ただし「スカウト」については1人当たり2、000円を団費負担の予定ですが、清算後参加者に返還しますから、一応全額を納入して下さい。
5、その他の注意事項（略）

平成27年8月、山口市でボーイスカウトの世界ジャンボリーが開催され、大半の参加者がバスで広島市の平和公園内の広島平和記念資料館を見学されました。丁度、広島市中区中島町に所在する学校法人古沢学園の本部に用事があり、バスから下車される参加者を見る機会がありました。特に海外から参加されたボーイスカウトの皆様が、広島平和記念資料館を見学されるのは、一生に一度の機会であり、深く感銘されたことでしょう。

一般的に、小学校6年から中学校3年までの対象の子供をボーイスカウトと呼びます。発祥はイギリスで、1889年イギリスの軍人としてアフリカのボーア戦争に従軍したロバート・ベーデン＝パウエルが、軍隊を退役後、少年斥候（せっこう）兵を組織し、本国に帰国後正式に組織化しました。イギリスからアメリカに普及、ヨーロッパ、アジア、アフリカ等に拡大したものです。日本では大正11年に静岡で発足、他県に普及しました。

⑧名古屋市ボランティアサークル協議会時代

名古屋市子供会連合会が、毎年夏に、岐阜県関ケ原でキャンプを開催した際に、名古屋市内の大学生がボランティアで指導者として、2泊3日の日程を交代で参加します。関ケ原は1600年、東軍の徳川家康と西軍石田三成が戦闘した有名な場所で、史跡も多く残っています。日中は諸行事に参加して、夜のキャンプファイアが最高の行事。毎年参加していますとレクの技術も身につき、楽しい思い出として残っています。

毎年三次市の鳥小屋で日本福祉大学広島県地域同窓会県北地区新年会を開催しますが、昔、安芸高田市から小南博靖先輩が参加されており、小南先輩も関ケ原のキャンプに参加したとのこと、急速にキャンプでの苦労話に話が集中しました。現在は病気で不参加が続いています。一度安芸高田市の自宅を訪問して雑談を予定していますが、多忙のために実現出来ません。

⑨最初の下宿先

最初の下宿先は、名古屋市中村区中村本町の河村牧逸様方です。中村郵便局の近くの家で、2階の4畳半1部屋の間借生活です。市電で大門から今池経由の八事行きの電車に乗り、杁中で下車して徒歩5分でしたが、大学へは、通学に1時間以上もかかり遠方であること、また、夜遅く帰ると電停の大門辺りで、おばさんに呼び止められます。この地域に所謂戦後の赤線地帯が残っており、「私は学生ですから誘わないでください」と言って走って帰っていました。間借生活のために食事は3食とも大学の生協食堂を利用していましたが、不便でした。そこで2食付きの下宿を探していましたら、偶然に大学の掲示板に2食付きの賄い下宿が紹介されており、決めました。

⑩二度目の下宿先

場所は名古屋市瑞穂区丸根町の吉川保司夫様方の2階建ての家で1室。家主のご夫婦は名古屋市の職員、子供はおらず2階の部屋を学生に貸しています。既に、芦屋市出身の名古屋大学の男子学生が下宿されていました。2食付きであり、夕食には洋式の料理が出されます。広島の田舎ではナイフとフォークを使用した西洋料理を食べたことがありません。下宿のおばさんから使い方を習いましたものの、窮屈には変わりありません。風呂は近くのお風呂屋さんに通いました。ここに1年余り下宿していましたが、同じサークルの内藤則臣氏が昭和39年4月から豊橋の実家から通学するために、名古屋市昭和区天白町大字島田字東上郷の稲熊勝利様方の部屋が空きました。荷車を借りて3月末に引っ越しをしました。

⑪三度目の下宿先

天白町は、旧愛知郡天白町で名古屋市との合併により名古屋市昭和区天白町に変更になったものの、田舎で農村地域です。バス停から徒歩10分余り、農家の1室を借りました。家主は高齢者であり、老夫婦で昼間は内職でパチンコの部品を製作されています。私はパチンコには興味がありませんでしたが、名古屋市はパチンコの製造地域として有名であり、下宿先の老夫婦は地元の出身であり、日常会話は名古屋弁100％です。夕方に部屋で勉強していますと、おかみさんから名古屋弁で「畠山さん、早ょーご飯たべりゃー」と誘いを受けます。みそ汁は当然に赤みそです。私は18年間、広島のみそ汁に馴染んでいましたので、赤みそには慣れません。4年間の名古屋生活でしたが、最後まで赤みそのみそ汁には馴染むことが出来ませんでした。3年間、稲熊老夫婦の家でお世話になりました。一番の思い出は、朝は晴れていて傘を持参しませんでしたが、夕方になり、雨天となりました。稲熊様は当然、私が傘を持参していないことを知っておられ、夕方にバス停まで、私の傘を持って迎えに来て頂いたことです。バス停でどれ程待って頂いたのか覚えていませんが、下宿の学生のためにここまでして頂いたことに感謝しております。

⑫佐伯義弘君を想う

私の4年間の学生生活中の昭和40年6月10日、Bクラスの佐伯義弘君が聖霊病院で亡くなり、法恩寺で葬儀が営まれ、私も参列しました。1年半後の昭和41年11月20日、追悼文集編集委員会から『故佐伯義弘君一周忌記念追悼文集』が発行されました。私の「佐伯君を想う」と題した原稿が掲載されています。

佐伯君の突然の死去を私が知ったのは、昨年6月10日、名古屋市中公共職業安定所のアルバイトの最中、友人から突然聞かされたのが最初でした。その時、私はあまりに思いがけない出来事なので、自分の耳を疑ったほどの驚きでした。

佐伯君、君は新聞部の部長として、サークル協議会の議長として、君の多忙な行動を学内において何時も見かけていました。君が、私が所属する経研の部室に入ってきて、時々大きな特徴のある声で、「〇月〇日、サークル協議会があるので…」と言っている姿を、今でも鮮明に思い出すことができます。君のサークル協議会―特に規約の問題に関して―への熱心な態度、役割を高く評価したいと思います。

佐伯君、君のサークル協議会議長としての仕事を引き継ぎ、今私がやっています。御安心下さい。安らかに眠って下さい。いつまでも君のあの元気な姿を覚えていることでしょう。

4年　畠山　護三

⑬就職対策

就職先として、大学入学時から卒業後は地方公務員に憧れており、①広島県上級福祉職、②広島市上級行政事務職、③広島県教育委員会の中・高校社会科教員、を予定して準備をしました。民間企業には全く興味がありませんでしたので、最初から応募しませんでした。

広島県では上級福祉職は昭和28年に発足、毎年若干名の合格者を出しています。私にとっては生活がかかっており、受験前には、坂本喜美子先輩から贈呈された問題集で猛勉強です。大学も広島県の上級福祉職の過去問題を配布しており、非常に参考となりました。

昭和41年7月の日曜日、炎天の日、会場の広島女子商業高校で受験しました。幸いにも教養科目と専門科目の一次試験に合格、二次試験は面接と健康診断です。面接で、受験の動機について試験官から質問を受けました。「私は、高校時代にJRC活動の体験から福祉系の大学を選び、福祉行政を専攻しました。サークル活動では、ボーイスカウト運動に参加し、名古屋31団カブスカウトの隊長を経験しております。卒業後は広島県の福祉事務所で生活保護のケースワーカーになりたい」と力強く述べました。

後日、二次試験の結果通知書を受け取りました。開封すると合格の決定通知書です。

私にとっては、この時程嬉しかったことはありません。広島県以外にも②の広島市上級行政事務職の試験も受験。広島市は幹部候補者として毎年男子のみ10人を採用しています。10人の枠に３００人が受験しました。第一次の筆記試験で30人が合格、その中に偶然にも私の名前がありました。受験勉強として、公務員上級問題集を何度も精読したのがプラスとなり10倍の競争率を突破です。受験生の大半は大学法学部、経済学部の出身であり、私のような社会福祉学部の学生は稀です。

二次試験は、面接と健康診断です。面接で試験官から「あなたは広島市以外にも受験されていますか」との質問に対して、私の性格は正直であり、「はい、広島県を受験しました」と答えました。

すると試験官は「広島市と広島県に合格された場合どちらに就職を希望されます

日本福祉大学第8回卒業式　経済学研究会卒業生一同（前列左から2番目が筆者）（昭和42年3月22日）

か」との質問に対して、私は「広島県です」と正直に回答したのが不運か、広島市の二次試験は不合格でした。私の人生観は、正直をモットーとしています。嘘も方便であり、「広島市に就職します」と回答しておれば、場合によっては広島市も合格していたかも知れません。

当時、広島市は一般市であり、広島県と比較して行政規模が小さい自治体でした。その後、政令指定市に昇格して広島県と同格になりましたが、当時の一般市である広島市に就職しておれば、幹部候補生の採用枠であり、普通に定年まで勤めれば管理職に昇進間違いはなかったものと推測します。しかしながら当時の私の意向としては、広島県の方が広島市と比較しても行政規模が大きいとの判断で決断しました。③の中学校社会科の教員は定数以上余っており、採用の道はすごく狭い。私の学力では当然に合格ラインに達しません。結果は当然ながら一次試験で不合格でした。昭和42年3月22日、日本福祉大学社会福祉学部社会福祉学科を卒業しました。

⑭昭和47年度　日本福祉大学パンフレットに掲載

大学は毎年、入学希望者にパンフレットを送付しています。昭和47年度の「日本福祉大学～大学院社会福祉学研究科・社会福祉学部・女子短期大学部～」を紹介するパンフレットの中に、卒業生8人の手記を掲載しています。8人の中に何故か私の手記が写真と共に掲載されており、上越市の磨伊政嗣様より教えて頂きました。43年前の手記であり、大学から依頼のあったことも覚えていません。ここに再掲します。

大学を卒業して早5年が過ぎました。現在福祉事務所で生活保護業務を担当する社会福祉主事ケースワーカーとして勤めています。担当区の大部分が山岳地帯の過疎地域で、人口減少が激しく、新卒者の大半が流出するために老齢化が目立っています。日々の仕事の中で深刻な生活の苦しさをたえず訴えられます。借金に追われ、わずかばかりの生活保護費も他の返済に充てねばならず、生活費を極度にきりつめている家庭、医師より就労禁止の指示があっても、現在の保護基準では余りに生活が苦しいために、医師に内緒で働き、それが原因で健康を破壊し病状が悪化している患者等様々な問題があります。対象者からの訴えに対して、ワーカー自身がともすれば実施要領の枠の中に無力感を感じ、自信喪失になりがちです。国民の生存権を定めた憲法第25条を具体的に実践しているワーカーにとって、現場での役割は重要です。意欲的に仕事をするために私自身、研修を深めて知識技能の向上に努力すると共に、社会福祉に従事する専門的な仲間と連携して有機的な働きかけをしています。4年間の学生生活で、福祉大の伝統である「理論と実践の統一」を学びましたが、まだ、未熟のため困難さを痛感しています。ワーカー自身が対象者の基本的人権を擁護する立場に立ち、誠実に仕事を遂行することが最も大切だと確信しています。

昭和42年3月第一部卒業　広島県三次福祉事務所勤務　畠山　護三

5　NHK学園高等学校専攻科入学

私は、主として福祉行政に38年間も長く働きました。しかし介護福祉士は、特別養護老人ホーム等介護職場で3年以上の実務経験があれば介護福祉士の試験を受けることが出来ますが、残念ながら公務員は受験する資格がありません。介護福祉士の資格を取りたい私は、庄原市の荒木和美氏がNHK学園の通信教育でその資格を取得したことを知り、早速応募し合格することが出来ました。NHK学園高等学校校長から学生証の交付を受けました。大学を卒業した者が再度高等学校の生徒に逆戻りです。学生証の交付を受けましたが、映画館等で一度も学生証を使用したことはありません。卒業の要件は、在学レポートと年に2回広島市中区のYMCAで実施されるスクーリングに参加、実習は10日間が必須です。

私は、平成10年4月1日に入学しました。レポートは荒木氏の提出済みのレポートを借用し、何とか単位を取得しましたが、問題は実習です。最初は年休を使用することを検討しましたが、総務課長と相談して、本庁の主管課と協議した結果、県の職員としては初めて職専免の承認を受けました。実習先は、広島市東区福田の特別養護老人ホーム福田の里で、自宅から車で20分の施設です。初めての介護実習は本当に苦労しました。施設側はある程度介護の経験がある学生と判断していますが、私は全く介護の経験がありません。職員から叱咤激励を受けてやっと10日間の実習が終了です。

スクーリングは中国・四国地方の学生は広島ＹＭＣＡです。非常勤講師の先生の中には私が知った先生もおられます。広大の石倉康次先生が講師をされており、先生いわく「どうしてこの教室に福祉の専門家である畠山さんがおられるのか、非常に教えにくい」との驚きの発言です。私は福祉の仕事は自称「福祉の専門家」ですが、介護の仕事は全く経験がありません。県三次保健所の佐々木課長も非常勤講師をされており、私を見つけて、「畠山さん、私の代わりに教えてください」と指名されました。やむなく学生の身分で教壇に立つこともありました。まさに本末転倒です。

平成12年1月23日、第12回介護福祉士国家試験を広島工業大学で受験、社会福祉士の有資格者ですから筆記試験は当然合格です。同年3月5日実技試験を鈴峯女子短大で受験しましたが、5分間で教室の黒板に書かれたテーマの実技を実施しなければなりません。モデルは鈴峯女子短大の学生です。自己紹介後に、黒板に書かれたテーマをモデルに対して実技を実施しましたが、経験不足でみごと不合格です。やむなく翌年の平成13年3月4日に実技試験のみ受験。私の知人である平林礼子様が特養こじか荘の施設長をされており、事前に介護の責任者である岸本裕子様及び看護師の方からベッドと車イスを借りて特訓を受けました。さらに家庭でもモデルとして妻の協力を得てある程度経験を積みました。三次合同庁舎の玄関に車イスを用意していますが、昼休みには、この車イスを借り職員をモデルに練習に練習を重ねて受験しました。私としてはかなりの練習を終えての実技試験です。教室に待機していました私に、順番が来て実技試験を受けました。実技の途中でふと試験官の目が気になりました。「実技にミスがあり、注意をしているサインです」と私が一方的に察して、慌てて元に戻して実技をやり直しました。介護福祉士の実技試験の場合には、誤っている場合には、元に戻ってやり直しが可能です。今回の実技は私にとって自信があり、何とか合格することが出来ました。

早速、平林礼子施設長にお礼の報告です。「介護の経験が全くない畠山さんが、2回目とはいえ、実技試験によく合格された」と褒めて頂きました。関係する職場の皆様が私の合格を知り、拍手でお祝いされたとのことです。特養こじか荘の平林施設長をはじめ、職員の皆様に感謝です。日本では数多くある国家試験の中で、唯一介護福祉士の国家試験のみ実技試験が実施されます。ベテランの介護職の方でも、時に不合格になると聞いています。実際の現場で実施する介護と、受験用の介護に相違があるのかも知れません。平成12年3月に学校を卒業しました。その後の法改正で、実技試験を受ける前に、「介護技術講習会」を修了すれば実技試験が免除となりました。勿論、有料ですが、講習会を受講した者には全員が修了の証明書を発行されるとか、便利になりました。

6　新潟福祉医療専門学校入学

平成13年4月1日に三次福祉保健センターから芸北地域保健所保健課長に配置換えとなり、精神保健の総括課長、保健所の勤務で1年以上の実務経験があれば実習が免除されるとあって、入学を決意。日本社会事業学校、新潟福祉医療専門学校、九州環境福祉専門学校の短期養成施設に応募したものの、3校全て不合格。国家試験で不合格は諦めますが、応募の段階で不合格とは私の能力不足を認めざるを得ません。非常に残念なことです。

新潟福祉医療専門学校精神保健福祉学科短期課程に、翌年の平成14年度に再度応募しました。定員が100人から200人と倍になったのが幸運で、合格することが出来ました。

平成15年4月1日に58歳で入学。通信教育ですから基本的には学校から送付される教科書を読み、レポートを送付します。スクーリングは、社会福祉士の有資格者ですので、短期課程に在籍して9カ月で卒業は可能です。

問題は国家試験に合格することで、受験に際しての学習時間を確保することが最大の課題です。当時は県備北地域事務所厚生環境局に転勤しており、毎日5時45分に家を出て、6時6分に芸備線玖村駅から三次駅まで通っていました。三次駅までの約1時間40分が私の学習時間です。広島駅発の一番電車であり、乗客は少なく学習するには最適です。帰宅の際には仕事の疲れで学習の意欲が湧きません。他に土曜日と日曜日には地元の真亀公民館の図書室で勉強を続けていました。

夏にはクーラーも効き冬は暖房が入り環境は最適。朝8時30分から夜10時近くまで開いています。年末年始の6日間は公民館が休館となり、広島市内の安いビジネスホテルで1日に10時間以上も勉強し続けていました。勉強に疲れるとホテルの風呂に入り、近くの平和公園を散策していました。60歳前の年齢のために覚えてもすぐ忘れます。若い受験生の学習時間の倍を必要とします。

スクーリングは年に2回実施。第一回は、平成15年7月4日から6日までの3日間。前日に広島から新潟まで飛行機で行き、帰宅も同様です。参加者は全国から300人が参加。私は最前列の席で講義を聴いていました。

第二回は10月11日から13日の3日間。前日の10日、大阪から23時32分発の夜行列車「きたぐに」で新潟に行き、新潟駅には8時30分に到着。受講生4人でタクシーに相乗りすれば9時の講義に間に合います。当初は3日間の講義を終了後、上越市の磨伊政嗣様と再会する計画でしたが、前日に伯母吉村ミサヨの訃報を知り、磨伊様との再会を中止し、夜行で帰宅して14日10時の葬儀に何とか間に合いました。

平成16年1月25日、第六回精神保健福祉士の国家試験を受験。大半が20歳台の若い受験生に交じっての受験でしたが、3月31日の合格発表には、最低の合格点で合格することが出来ました。最初から最後まで、お世話になりました児童養護施設三美園の山崎美恵子様に感謝です。同じ社会福祉士の会員で、先に精神保健福祉士の国家試験に合格されており、彼女からの叱咤激励がなければ途中で中断していたことでしょう。また、私の大学時代の後輩に当たります千代田病院のＰＳＷ（精神保健福祉士）面田勝史様には、入学願書提出の際の課題作成で見本を作成して頂き、入学出来ましたこと、遅くなりましたが感謝です。

7 日本福祉大学大学院社会福祉学研究科社会福祉学専攻博士前期課程（通信教育）入学

大学院への入学の動機は次のとおりです。広島県職員時代に、自宅から通学が可能な広島大学の夜間大学院と県立大学の夜間大学院の進学を検討したことがありますが、私の能力では筆記試験に合格することは出来ないと初めから諦めていました。母校の日本福祉大学で通信制の大学院が平成16年度に開設され、試験はなく小論文等による書類審査で入学することが出来ることを同僚の河野喬先生から知り、応募することを決意しました。

大学院に応募するためには研究計画書を提出することが必要です。大学の学部時代に研究計画書を書いたことがないのは当然のことです。大学院の研究計画書は、通常の企画書と同じように書くわけにはいきません。少なくとも「学術的な研究」が前提であり、早速、妹尾堅一郎著『研究計画書の考え方』（ダイヤモンド社）を購入して読みましたが、理解が困難です。そこで原案を作成して、私の恩師である次の3人の先生に添削をお願いしました。①田代国次郎先生②住居広士先生③金子勉先生です。3人の先生から後日、丁寧に修正して頂き、整理して提出しました。3人の先生のお蔭で無事に合格の通知を受けて、晴れて大学院生になることが出来ました。

日本福祉大学大学院社会福祉学研究科社会福祉学専攻博士前期課程（通信教育）の概要は、次のとおりです。

1969年、わが国ではじめて「社会福祉学」の名称を持つ研究科として、大学院社会福祉学研究科「社会福祉学専攻」を開設し、社会福祉ならびに関連領域等で活躍する人材を世に送り出してきました。さらに2004年には、時代の要請である「社会福祉を取り巻く環境の変化に対する高度な社会福祉専門職業人の養成」に積極的に応えるため、インターネットを活用して講義や研究指導を行う「社会福祉学専攻（通信教育）」を開設しました。

本課程では、日本福祉大学大学院がこれまで培ってきた大学院教育の豊富な経験・蓄積を活かし、臨床と政策の両方を見通せる優れた実践者・研究者・指導者を養成しています。

インターネットを活用した双方向型の学習

○特講科目は本学が独自に開発した《nfu.jp》のポータルサイトのシステムを活用。インターネット上の講義でありながらも、一般の通信教育で多く用いられる片方向型の学習とは異なり、担当教員と院生とが互いにディスカッションを交えながら、対面授業に近いインタラクティブ（双方向・対話形式）な学習が展開されるよう設定されています。

○集中的に学習が出来るよう前期または後期のうち、いずれか半期15週で開講。

テキストをもとに原則として1週間に1講ずつ進められます。

○特講科目の講義は、基本的に次のような流れで進められます。

1　担当教員からの各講の討議課題の提示

2　それに応えて、期間内に履修者が各自の見解を講義室に投稿

3　院生間の共同討議を経て、担当教員からのコメント提示

その後、次週に次の講へと進められます。

○合計15週の講義のうち、中間期と期末にレポート提出が課され、インターネット講義の共同討議への参加とレポート提出により単位認定されます。

スクーリングは年に4回から5回程度、土曜と日曜の2日間ですが、私が2年次に進級した平成18年は、個別指導及び集団指導を受けるために平野隆之教授の自宅に呼ばれる等も含めて10回名古屋に行きました。当然ながら交通費・宿泊費用は個人負担です。名古屋に行く都度、先生・院生による懇親会が計画されています。

私の場合は、この懇親会に参加することが唯一の楽しみでした。通信教育は基本的

には孤独です。私の場合は、午前中は通信でレポート作成、論文の執筆。夜間課程で社会福祉学科の専任教員として、午後から広島健康福祉技術専門学校に通いました。初めて学生に教えるのですから全てが新米教師です。「二兎を追うものは一兎をも得ず」の諺のごとく、途中で何度も投げ出そうと思いました。その都度、大学院事務室の西村達也様からの温かい激励、院生の仲間からの支援を受けて何とか中断することもなく、最後の審査まで行きました。

平野教授に最初に論文を提出した際の点数は40点、次に提出した際の点数は50点、論文の提出締切日に提出した際の点数は70点と評価して頂き、安心して審査会に臨みました。副査の木戸利秋先生、小松理佐子先生のご指導を受けてBで合格です。当初の計画どおり、2年間で修了することが出来ました。

日本福祉大学大学院社会福祉学専攻（通信教育）同窓会
平成20年9月14日、鶴舞キャンパスで、

日本福祉大学大学院社会福祉学研究科社会福祉学専攻博士前期課程（通信教育）修了
学位記授与式会場（平成19年3月22日）

同年度日本福祉大学大学院社会福祉学研究科社会福祉学専攻（通信教育）同窓会総会が開催されました。午後1時から通信大学院修了生、現役院生交流フォーラムにおいて修了生によるパネルディスカッションが開催されました。

新保賀朗（1期）、畠山護三（2期）、鈴木貴美（3期）の3人が「大学院で学んだことが実践現場で活かされているか」とのテーマで発表しました。以下、私の発表原稿です。

「大学院で学んだことが実践現場で活かされているか」

私は、平成17年3月31日付けで38年勤務した広島県を退職、同年4月1日から学校法人古沢学園が経営する広島健康福祉技術専門学校に勤務しました。仕事は社会福祉学科の夜間課程で学科長・教務主任・専任講師です。私の学歴は38年前に日本福祉大学を卒業したのみです。職歴としては生活保護のケースワーカー19年、査察指導員4年。国家資格として社会福祉士・介護福祉士・精神保健福祉士の有資格者です。また、介護支援専門員にも合格し、本年度更新の講習会を修了しました。

私の担当科目は、昭和62年1月14日付けの「社会福祉士養成施設等指導要領及び介護福祉士養成施設等指導要領について」5―6―アーエー「国の行政機関又は地方公共団体において管理職以上の経験があって、当該科目に関する業務に3年以上従事した経験のある者」に該当し、公的扶助の科目を担当することが出来ます。他に、社会福祉援助技術論、社会福祉援助技術演習、社会福祉援助技術現場実習、社会福祉援助技術現場実習指導の科目は、「同」5―6―イ―エ―「社会福祉士資格取得後、5年以上相談援助業務に従事した経験のある者」に該当し担当することが出来ます。

私自身はこれらの科目以外にも社会福祉原論、老人福祉論、障害者福祉論、児童福祉論、社会保障論及び地域福祉論の福祉系科目を学生に教えたい意向があります。しかしながらこれらの科目は、「同」5―6―ア―ウ―「大学院において、当該科目に関する研究領域を専攻した者で修士又は博士の学位を有する者」と規定されており、私の福祉系大学卒のみの学歴では該当しません。

このように学歴による制限を受けており、何とか現在担当している科目以外も教えることが出来ないものか模索していました。幸いにも母校の日本福祉大学大学院で通信課程が平成16年度に開設されていることを知り、応募したものです。幸運にも合格させて頂き、平成17年4月に社会福祉士の養成施設である専門学校で夜間講師をしながら、母校の通信制大学院に入学することが出来ました。既に60歳を過ぎており、まさにシニア大学院生の誕生です。

毎週の月曜日から金曜日までの5日間、午前中は通信のレポートを作成、研究計画の準備等、パソコン教室に通い、午後から出勤して18時30分から21時40分まで週に4コマの授業です。私の場合、福祉行政から教育の分野に１８０度の転換です。新米教師として戸惑いの毎日が続く中、通信制大学院ではレポートの作成に追われました。2年間の院生時代に最も困難な課題に直面したのは、当然ながら修士論文です。これまで学内学会等に投稿した経験はあるものの、まとまった論文の執筆は、全く初めてのことです。当初から予想していましたが、連日の悪戦苦闘が続きました。「二兎を追うものは一兎をも得ず」の諺は、まさに私のためにあり、どちらかを辞めなければならないところまで追い詰められました。何とか続けることが出来たのは、指導教官の平野教授をはじめ他の先生方による指導と事務室の西村様及び院生の仲間からの激励を受けて、困難な課題を乗り切ることが出来まして、幸いにして2年間の課程で大学院博士前期課程を修了することが出来ました。31人が入学し、22人が修了です。平成19年3月22日に母校の日本福祉大学で開催されました学位記授与式に参加することが出来ました。まさに40年前の昭和42年3月に社会福祉学部の卒業式に参加して以来、2度目の式典に参加し、校歌を歌うことが出来まして感無量の感でした。

自分への褒美として平成19年４月から３カ月間、中国・大連の遼寧師範大学対外漢語学院で語学留学を体験しました。帰国後は社会福祉士の通信課程の手続きに追われ、平成20年4月から広島医療保健専門学校に配置換えとなると同時に、社会福祉学科の通信課程で学科長、教務主任、専任講師を1人で対応しています。

社会福祉学科の通信課程では、公的扶助論、社会福祉援助技術論、社会福祉援助技術演習、社会福祉援助技術現場実習指導、社会福祉援助演習を担当しています。

社会福祉学科以外では、精神保健福祉学科の非常勤講師として、公的扶助論、社会保障論を担当。保育介護福祉学科の非常勤講師として社会福祉援助論、障害者福祉論を担当。さらに理学療法学科及び作業療法学科の非常勤講師として、社会福祉概論も担当しています。このように担当する科目が増えた理由は母校の大学院を修了することが出来たからです。その意味では、科目が増えたことで、私自身の業務量が増加しましたが、その理由は、これまでの福祉行政での経験に新たに「社会福祉理論政策特講」、「社会保障論特講」、「高齢者福祉論特講」、「医療福祉論特講」、「ケアマネジメント論特講」、「ソーシャルワーク論特講」、「司法福祉論特講」等の科目を通信制大学院で単位を取得したからです。

その結果、平成19年11月の「社会福祉士・介護福祉士法の改正」により、平成21年度からこれまでの13科目が19科目と増えましたが、私の場合には大半の科目を担当することが出来ます。

この中で、新しく「社会理論と社会システム」、「現代社会と福祉」、「地域福祉の理論と方法」、「福祉行財政と福祉計画」、「福祉サービスの組織と経営」、「社会保障」、「高齢者に対する支援と介護保険制度」、「障害者に対する支援と障害者自立支援制度」、「児童・家庭に対する支援と児童・家庭福祉制度」、「就労支援サービス」、「権利擁護と成年後見制度」、「更生保護制度」の12科目を新たに担当することが出来ます。

その証拠は、「社会福祉士介護福祉士養成指定規則及び社会福祉士介護福祉士学校指定規則」の中で、ウ「大学院において、当該科目に関する研究領域を専攻した者で修士又は博士の学位を有する者」に該当することです。通学の場合には、1人の教員がこれだけ全ての科目を教えることは時間的にも出来ませんが、通信教育の場合には、相談援助演習と相談援助実習指導以外の19科目については、全てがレポートを提出することで単位を取得することが出来ます。

我々教師は、座学で教える必要がなく、学生から提出されたレポートの添削指導のみになります。とは言え、科目が増えることで、これからの事前の予習等に追われますが、私にとっては勉強する機会が増え、仕事に対する意欲が湧いている昨今です。

畠山　護三　広島医療保健専門学校

8　中国・大連市遼寧師範大学対外漢語学院短期留学

私は過去10回以上も中国の観光地を旅行しました。その中で中国での留学を願望していましたが、この度私が勤務する学校法人古沢学園古澤敏昭理事長のご配慮で３カ月間の留学の承認を受けて、短期留学を体験しました。平成19年４月１日、ＣＡ１５４便で広島空港から大連空港へ。空港の出口には手続き代行の業者である中国留学館の原田御夫妻及び現地事務所の徐様の出迎えを受けました。タクシーで大学まで案内を受け、留学生会館５０２号室に入居しました。

私が入学した遼寧師範大学対外漢語学院は、留学生と華僑学生を専門に対外漢

中国・大連市遼寧師範大学対外漢語学院短期留学時代（平成19年4月29日）

語及び中国語教育を行っており、１９８５年から20カ国以上の国や地域から1万人以上を受け入れています。多くの学生が、修業後に世界各国の外交、経済、貿易、文化交流などの領域で重要な役割を果たしています。遼寧師範大学は、１９５１年に創設された文学、理工、法学、教育、外国語、芸術等の専攻を有する総合大学です。総面積は53ヘクタールと広く、道路に面して両側に校舎、教員住宅、食堂等が立ち並び、対外漢語学院は左の校舎の一部に設置されています。

対外漢語学院には修士課程、本科生、研修生のコースがあり、私が入学した研修生コースには、中国語の熟度に応じて高級、中級、初級、入門と4コースに分かれていました。

私は中国語が全く理解出来ませんので入門コースが最適でしたが、残念ながら当時入門コースは設置されておらず、やむなく初級1班に所属。学生数は20人以下で、7割は韓国の学生、残りが日本の学生です。授業は既に平成19年3月から始まっており、私は4月2日から出席しました。科目は中国語の精読、会話、ヒヤリングの3科目です。当然のことながら授業は中国語です。授業に出席しても老師（先生）の説明は早口であり、私の語学力では全く理解出来ません。そこで、私の恩師である遼寧師範大学管理学院の呉副教授にお願いして外国語学院日本語学科の学生による家庭教師をお願いしました。紹介された学生は4年生の王さんと3年生の李さんでどちらも女子学生です。王さんには主としてヒヤリング、李さんには教科書の予習を中心に教えて頂きましたが、私の理解度が低く、なかなか覚えられません。

まさに「昨天学的今天就忘了」（昨日学んだことを今日忘れました）の心境です。李家庭教師から事前に学んだ個所は、半分程度は理解出来ますが、教科書から離れた授業に入ると全く理解が出来ません。唯一聞き取れる中国語は、「明白了馬」「下課」「休憩」のみです。

私の語学力不足で、試験の結果、精読の中間テストは第一回75点満点の6点、第二回70点満点の17点と少しアップしたものの、これまでの小学校から大学までの学校生活の中では最低の点数です。第三回は帰国日であり、受験出来ませんでした。帰国直前にヒヤリングは教科書を覚えて半分程度理解出来ましたが、会話は全く自信がなく未受験。いかに中国語の学習が難しいかを痛感しました。3カ月間の短期留学でしたが、中国語の学習以外にも観光、山登り、特別活動に参加する等貴重な体験をしました。

◯4月29日に李家庭教師の案内で旅順観光。旅順は1996年に外国人に開放された一部の地域を除いて、依然として未開放都市です。その主な理由は、市街地に海軍の軍事基地が点在しているためで、外語人が市内を自由に散策することは禁じられています。既に二百三高地は見学しており、旅順電岩砲台と清代海防砲台を見学後、旅順桜花園の桜の下で食事です。ここは大連市内で唯一の桜の名所で、既に満開も終わりかけていましたが、家族、友達、団体客等多数の見学者で賑わっていました。私は広島を出発する前、家族で桜を見物しており、これで二度目の見物です。

○5月1日は「五・一」のメーデーを中心に1週間の休みに入ります。李家庭教師の案内で、大連市北東約50キロの場所にある金石灘に行きました。ここは東北エリア唯一の国家指定の海洋型リゾートエリア。ここに開館している化石資料館、毛沢東資料館、金石園、万福卯、黄金海岸を歩く。どこも親子連れ、団体客等で満員です。

○5月2日から4日の期間、王家庭教師の家に宿泊させて頂いた際に、遼寧省で最も有名な千山に登山。大連駅から汽車で3時間の場所。険しくて細い山道を登り、頂上を目指したものの、疲労困憊して途中で断念しました。

○5月5日、李家庭教師の案内で荘河市仙人洞鎮の森林公園へ。大連駅から特急バスと地元のバスで3時間の場所です。大自然に囲まれた景観の素晴らしい公園で、別名「小桂林」と呼ばれる程有名な場所。多数の観光客と共に散策しました。

○5月12日、大連市サークルオリエンテーションが開催されるとの案内を掲示板で発見、主催は大連市留学生団です。参加対象は大連日本人留学生で、場所は大連日中友好人材育成センターと書いてあり、興味があり留学生の阿部昌子さんを誘って2人で参加しました。沙川口駅から徒歩で5分の場所、鉄筋5階のビルの1室で開催されており、中国武術、お茶、華道体験、コーラス及び中国楽器演奏会が披露されていました。私の場合はわずか3カ月間の短期留学であり、加入することを断念しました。

○5月16日、食堂で私の母校である日本福祉大学大学院の院生陳引弟さんに偶然に再会しました。大学院の修士論文を執筆するに際して、大連市内の高齢者施設に勤務する職員の実態調査をするために大連に来ておられ、同じホテルに宿泊されています。異国の地で同じ院生に再会することは極めて珍しく歓談しました。

○5月24日、２００7中国・大連「ジャパンウィーク」に夫婦で参加。大連人民政府から私ども夫婦に次のような招待状を受けました。

「謹啓　時下皆様益々ご清祥のこととお慶び申し上げます。さて、中日国交正常化35周年並びに中日文化・スポーツ交流の年に当たり、大連市と日本との交流を促進し、相互理解を深めるため、２００7中国・大連『ジャパンウィーク』開幕式を開催することに致しました。ご多忙中、誠に恐縮ではございますが、何卒ご出席賜りますようお願い申し上げます。

敬白

２００7年5月吉日　大連市人民政府」

会場はシャングリラホテル3階の大宴会場で1300人も集まり、夏大連市長による挨拶、地元日系の企業を代表して松下会長の挨拶、文芸の夕べが開催されました。私ども夫婦は大連市民生局楊福彬社会福祉事務所長の配慮で、特別席に座ることが出来ました。宴会はここから徒歩5分の場所にあるクラマホテルで盛大に開催されました。

○5月25日には、妻京子が広島文化短期大学教授をしており、遼寧師範大学管理学院で呉副教授の講義時間帯に講義をした際に聴講する機会を得ました。テーマは、「広島県の障害者福祉の現況」でその後、広島市の状況をCDで説明。午後からアカシア祭りを見学。青海広場で中国・韓国・日本・ロシアの踊り、パレード等が披露されていました。

○5月26日に大連市徒歩大会に式典のみ参加。市民は5キロメートル、20キロメートル、30キロメートルのコースがあり、それぞれ家族、団体ごとに歩きます。勿論私が所属している対外漢語学院からも参加しています。前日には日本からの参加者に逢う機会があり、まさに国際的な規模です。

○6月27日、対外漢語学院の院長老師による食事会に、留学生の中で60歳以上の留学生が招待を受けました。学院の老師は、韓国語、日本語、英語、ロシア語が堪能であるのに驚きました。これらの国からの留学生が大半を占めていることの反映であることを知りました。

○6月28日、帰国の前日に旅順地区の農家が経営しているサクランボ狩りに参加。大連から観光バスで1時間の場所。車内ではジャンケンゲームで盛り上がりました。現地ではサクランボの食べ放題。持ち帰りは10キロで30元であり、土産用として購入しました。昼は農村風の料理を堪能し、帰路は大連市西部森林公園北部から20キロの場所に整備されたハイキングコースを歩きました。久しぶりに汗をかきましたが気分は爽快でした。

【個人的感想】

初めての異国の土地での留学生活。中国の大学は基本的には老師（日本では先生の意味）と学生は学内で生活します。老師は専用の住宅が確保されていますが、学生は8人部屋の寄宿舎生活です。大学内に食堂、本屋、売店、診療所、メガネ店、カメラ店、理髪店、文房具店、郵便局等日常生活に必要な店が設置されており、基本的には学内で生活は可能です。毎週金曜日と土曜日には、映画が有料で上映されています。私も1回は観に行きましたが、学生の一部には菓子を食べながら観る等でマナーが悪く、2回目以降は行きませんでした。また、音楽庁では学生の独唱、演劇が無料で公開されることがあり、聴いたり観たりする機会がありました。

老師と学生は早朝からグラウンド及びその周辺で運動を続けています。私も運動不足の解消を目指して5時30分に起床して、1時間程度軽いジョギングを続けていました。毎週月曜日には、各学院ごとに学生がグラウンドに集合しています。学生自治会主催の朝礼で、6時10分には中華人民共和国の国歌「義勇軍行進曲」が流れ、国旗掲揚が実施されます。運動中の老師と学生は一時中止して、国旗掲揚台に注目していま す。私も留学生の1人として、同一の行動をとりました。出来ることであれば、国歌を中国語で歌いたいのですが、私の中国語の能力では無理です。

中国の学生が毎日猛勉強している姿を拝見する機会がありました。図書館は早朝6時から夜9時30分まで開館。学生は良い場所を確保するために開館の30分前から並んでいる姿には驚きました。寄宿舎では勉強する環境が悪いので、講義室が夜9時30分まで開放されており、電気がついているのが私の部屋から見えます。

外国語学院日本語学科の学生に日本語を教える代わりに、学生から中国語を教えてもらうことでの交流も盛んです。私の場合には管理学院の3人の女子学生である黄さん、曹さん、沈さんと継続教育学院の男子学生である岳さんと知り合う機会がありました。学習以外にも食事を共にする機会があり、私の帰国日まで交流が続きました。平成20年の秋には再度大連に行き、学生の皆様に再会しました。管理学院の女子学生には、帰国の日、大連空港まで見送って頂き感謝感激です。

学生以外にも体育学院のバレーが専門の教授と知り合う機会を得ました。毎朝、グラウンドでジョギングをしている最中に、日本語で声をかけられました。福岡教育大学に留学中に日本語を習得されたとのことでした。また、大連交通大学の賈副教授にも大連市民生局社会福祉事務所長の揚様の紹介で知り合う機会を得ました。平成18年の秋に富山県から帰国され、日中友好大連人材育成センターで副部長として重要な仕事をされています。市内のコーヒー店で高価なコーヒーをご馳走して頂きながら、日本と中国の高齢者問題を論議しました。次回、大連を訪問する機会を得ましたら、呉副教授とともにお会いして教えを請いたいです。

対外漢語学院の特別活動として、大連森林動物園、大連京劇団に行く機会がありました。特に大連京劇団は大連で唯一京劇が観られる劇場で、建物は日本統治時代に建てられた旧東本願寺を改装した建物です。当日、３演目が公演されましたが、どの演技も素晴らしく、終了した時点で主役と一緒に写真を撮らせていただきました。

私がお世話になった中国留学館は、大連の現地に直営事務所を持つ、遼寧省人民政府公認の大連を専門に扱う留学センターです。留学手続きから、大連での留学生活をサポートして頂ける等信頼性が高く、私のような者にとっては非常に心強い業者です。

中国語の会話が十分に出来ないために、日常の買い物、市内の移動等は身振り手振りでの意思疎通です。そのため毎日が失敗の連続で、やはり外国で生活するとなれば、その国の言葉を習得していないと円満な生活が困難です。今回は仕事の都合で短期留学となりましたが、今後、仕事を退職した際には1年程度の長期留学が希望です。帰国後、毎週1回、地元の公民館で開催されている中国語教室に通っています。また、NHKテレビ等で中国語の学習を少し続けています。毎日、仕事に追われての学習であり、短時間ですが「継続は力なり」をモットーに頑張ります。同じ寄宿舎に東京から吉澤知子様が私より先に留学されていました。中国語のクラスは中級で、日常の会話にも困らない程上手です。留学後、大連で仕事をされ、平成22年6月に帰国、東京で高齢者の相談員をされています。平成28年11月、横浜の中華街で再会しました。

9　日本福祉大学通信教育部福祉経営学部医療・福祉マネジメント学科入学

私は、昭和42年3月に社会福祉学部社会福祉学科を卒業したにもかかわらず、平成22年4月、通信教育部に66歳で入学しました。高卒の者は1年課程に入学され、卒業までに4年間で124単位が必要ですが、私の場合は、既に大卒であり、また、社会福祉士・精神保健福祉士・介護福祉士の国家資格の取得と介護支援専門員の資格があり、取得資格等の単位認定制度により専門科目が一部免除され、最終的には4年次に編入学して24単位の履修で卒業が可能です。本来であれば社会福祉士受験の相談援助演習の科目を履修したい希望を持っていましたが、既に社会福祉士の有資格者であり、認められませんでした。大半の科目はオンデマンドによる方法で単位の取得は可能ですが、一部の科目は大学及び全国17都道府県で開催していますスクーリングに参加が必要です。

私は隣の岡山会場が近いのですが、敢えて母校の本学のスクーリング会場に参加しました。大学のスクーリング会場で何人も知った先生方にお会いしました。先生から「畠山さん、本日の講師ご苦労さまです」との挨拶を受けますが、私は「先生、本日は学生の身分で参加しております」と正直に答えます。先生曰く「嘘でしょう」と認めて頂けません。やむなく私は学生証を提示して、納得して頂いております。既に大学、大学院を修了している者がどうして通信教育部に入学するのか理解されないのかも知れません。平成23年3月19日、大学で実施された卒業式に参列して、3度目の卒業式で校歌を斉唱することが出来ました。卒業を祝う懇親会では、加藤幸雄学長から声をかけて頂き、感激です。

第三章　私の職歴　広島県時代

1　広島県公務員研修所時代

昭和42年4月1日から4月14日の2週間、当時県立広島工業高等学校の隣にあった広島県公務員研修所で上級職採用の80人が、初任者研修を受けました。研修会終了後も年に1回、親睦会を開催しています。その名前は、1967年採用であり、「むなの会」と称します。毎年6月7日の夕方、当初は鯉城会館に集合していましたが、最近は鯉城会館の使用が出来ず、メルパルク、酔心本店等を使用しています。平成17年3月末には全員がOB職員になることから、規約を定め、運営体制を強化したものです。会長は吉岡信氏、副会長は津野瀬武久氏、土居義博氏、常任幹事は荒谷宏之氏、大澤直之氏、幹事は因幡邦彦氏、小田茂則氏、原時廣氏、間口重明氏、村田光男氏にお願いしています。会員は59人です。

最近では、平成28年6月7日、メルパルク広島4階梅の間で開催された「むなの会」には、22人参加。毎回、参加者の写真を撮っています。大半の会員は再就職先も退職され、悠々自適な生活を過ごされており、まだ仕事中の者は、私を含めて8人です。広島県上級職採用で、今日まで親睦会が続いているのは他に例がありません。その意味でも吉岡会長をはじめ役員の皆様のご努力の賜であり、感謝しております。私は都合が悪い場合を除いて、毎回参加しております。年に一度の再会ですが、お互いに健康であることを確認しています。参加された会員に、私が自分史の発行準備中で、何か資料を探していると話をしましたら、土居義博氏が「むなの会機関紙」を保管していると話されました。コピーでの送付をお願いしましたら、後日、大澤直之氏より私の自宅に郵送されました。ご親切に有難うございました。

表紙には、「『むな』創刊号1967・11・26　むなの会機関紙」と表示されています。次のページには、「目次　役員紹介　自由投稿　自己紹介　編集後記」が記載されています。

ここに当時の役員のみ紹介します。

会長　津野瀬武久　副会長　谷口洋子　会計　土居義博　事務局員　大澤直之　荒谷宏之　監査役　林栄子　呉支部長　間口重明　尾道支部長　尾崎信子　三次支部長　小島泰洋

既に50年前の原稿で、私も覚えていません。当時、会員に対して原稿の投稿依頼があっても私が忘れていたのかも知れません。その後、2号・3号の発行があったものか？　私が保管していないので、最初で最後の機関紙になったものと思います。

2　広島県可部福祉事務所時代

昭和42年4月15日から昭和44年3月31日までの2年間勤務。学生時代に福祉事務所での実習を経験しておらず、配置されたのが可部福祉事務所保護課の生活保護と老人福祉担当のケースワーカーです。担当町は新可部町、高陽町、大朝町の3町です。4月、菜の花が咲いている田の畦道を上司の福永昭生主任に同行して新規調査に出かけました。生活保護の申請理由は、夫が広島市内で女性と同棲して家庭に送金しないために、家族の者が生活に困窮したケースです。学生時代から一挙に現実の社会問題に直面して、どのように対応すべきかを迷いました。保護開始後のある日、夫が女性と同棲しているアパートを苦労して訪ねたことがあります。玄関から現れたのが相手の女性。「何の用事ですか」「実はこれこれとの事情で」と説明している最中に、「あなたには関係ないでしょう」と突然に戸を閉められました。訪問の目的を達成することが出来ずに帰所して、福永主任に報告する時のバツの悪かったことです。ケースをカバンの中に入れて家庭訪問する最中に、調査項目を思い浮かべての不安な気持ちはワーカーとして一度は経験するものです。

新規調査の場合、マニュアルどおり調査の項目を順番で聞き取りますが、新米ワーカーの悲しさで、忘れることが多く、主任から指摘されて再度家庭訪問したことがあります。再度訪問せざるを得なかった時のバツの悪かったことを思い出します。

①自転車、ついでバイクで担当地域へ

担当地域を訪問する際には、公用車を使用しますが、私は免許を取得していません。学生時代に教習所に1カ月通い、愛知県自動車試験場で軽自動車の試験を受けましたが、2回も不合格となり取得を諦めていました。春の気候が良い時季に自転車で家庭訪問するのは気持ちが良いのですが、炎天下の夏には全く閉口です。日照りを避けるために麦わら帽子をかぶり、懸命に自転車のペダルを踏んでの家庭訪問です。

当時、新可部町南原から綾谷を通って勝木に至る道は険しく、舗装されていないために砂埃が舞い上がり大変でした。途中で自転車がパンクして故障したことがありました。その時は全く惨めで、自転車を押して町内の自転車店まで帰りました。母が可哀想に思ってか、8月に新車のバイクを購入してくれました。それ以降の家庭訪問は随分楽になり、母に感謝です。しかしながら、冬は路面が凍結して転倒することがあります。

山県郡の大朝町は遠方であり事務所からの定期便の公用車に相乗りし、大朝町役場で公用の自転車を借りて家庭訪問をしていました。相乗りのために指定された時間に

役場に戻ることになり、十分な家庭訪問が出来ません。

そこで、一大決心をして、普通車の免許を取得することにしました。幸いに事務所の近くの太田川河川敷に可部自動車学校が開校されており、新規職員の岡本大生主事と2人で入学しました。若い教官から何度も注意され、時には足を踏まれたこともありました。その時の気持ちは退学したいとも思いましたが、何とか補習も受けずに1回で合格。続いて自動二輪も観音の試験場に行き、取得しました。しかしながら現実の家庭訪問では公用車の運転に自信がなく、自動二輪を使用していました。折角取得した普通車の免許は活用することがなく眠ったままです。

可部町は昔から出雲街道、石州街道の分岐点、宿場町として有名です。また、昔の郡役所が置かれていた程で安佐郡の中心地です。昭和30年に旧可部町と亀山・三入・大林村が合併して大きくなった町です。合併した地域は農村地帯であり、四季の変化を眺めながら家庭訪問を続けていました。

高陽町は、その後県住宅公社による大規模開発が進み、昭和50年に神戸から西では最大の団地36、000人の人口を抱える高陽ニュータウンが誕生しました。昭和51年8月からA地区に住居を構えて住んでいるのも何かの縁です。

②朝日訴訟と権利としての社会保障

昭和42年5月24日、高陽町のN家庭を訪問していた最中、家のラジオのニュースで朝日訴訟の最高裁判所判決の主文「本件訴訟は、昭和39年2月14日上告人の死亡によって終了した。中間の争いに関して生じた訴訟費用は、上告人朝日健二、同君子の負担とする」との内容を聞きました。学生時代、社会福祉学を学んだ者として朝日訴訟の動向に関心を持っており、残念でたまりませんでした。

朝日茂さんは、昭和17年以来、国立岡山療養所で結核の治療を受けていましたが、単身で無収入のために生活保護法による生活扶助と医療扶助を受給中でした。津山市福祉事務所が、昭和31年、実兄の所在を調査して扶養照会し、実兄から朝日さんに月

広島県可部福祉事務所職員一同
（前列左から3番目が筆者）（昭和42年2月3日）

1、500円の仕送り援助収入を認定する。当時の日用品費が月600円であり、1、500円−600円＝900円の医療費への自己負担を通知したことから、岡山県知事に審査請求をしましたが却下。最終的に昭和32年に裁決の取り消しを求めて東京地方裁判所に提起した裁判です。

第一審の東京地裁は「違憲」と判決したのに対して、第二審の東京高裁は「すこぶる低額であるが違法とは言えない」との判決。朝日さんが第三審の最高裁に上告中に死亡されたものです。

裁判では負けましたが、裁判判決後に日用品費が大幅にアップしたことは、他の患者にとって大きな成果だと思います。また、裁判の過程で権利としての社会保障の思想が全国に広がりました。私も家庭訪問の際には、生存権の考え方を説明していました。可部町福王寺の裏に病弱な老夫婦がひっそりと暮らしていました。農村地区のこともあり、生活保護を受けることに、「ひけ目を感じる」「恥ずかしい」等の意識が強く残っています。福祉事務所としてのPRも不足しており、私は法の趣旨を詳しく説明しました。老夫婦から「福祉の人から初めて詳しく説明を受け、精神的にも負担が軽減された」と言葉少なく表現されました。

3　広島県呉福祉事務所時代

昭和44年4月から昭和46年3月まで2年間勤務。例年3月25日、県議会閉会と同時に職員の異動内示があります。昭和44年3月25日、大朝町の出張から帰所すると、同僚から「畠山君、呉福祉事務所へ転勤が決まった」と知らされました。私にとって初めての内示であり少なからず驚きました。毎年12月には職員の異動希望調査を部当局に提出します。可部福祉事務所はまだ2年間の勤務であり、勤務地については希望なしと報告していましたので、予想もせずに大朝町に出張したものです。早速、慌ただしく事務引き継ぎの整理に追われ、4月1日に赴任したものです。呉までの交通機関は国鉄の呉線利用で便利となりました。しかしながら汽車は蒸気機関車であり、ばい煙が出ます。トンネルが多く、その都度窓を閉めなければなりません。1年半は苦労しました。昭和45年10月1日の呉線電化開業後は、窓を開けて快適でした。

①獣医・集金屋

担当地区は安芸郡音戸町。当町は、昔、平清盛の音戸開削により内海の要衝として発展しました。島しょ部の町が、音戸大橋が架橋されるに及んで本土と地続きとなりました。音戸大橋は有料のために通行の都度料金を支払います。事務所で回数券の交付を受けて出発です。雨天の場合には、呉市営バスで警固屋町まで行き渡し舟に乗船します。船主が民生委員のために、無料扱いを受けて恐縮したものです。島全体が瀬戸内海国立公園に属して風光明媚の地です。

仕事の帰りには、時々国民宿舎音戸ロッジで休憩して船の往来を眺めていました。訪問のスタイルは、相変わらず黒カバンに厚いケースファイルを入れてのヘルメット姿です。最初はよく食堂の店主からは銀行員に、またヘルメットをはずして歩いていると、町民からは保健所の獣医、生活保護の受給者からは集金屋と間違えられて苦笑したものです。

黒いカバンは他の職員のと同じサイズのために、出張前の慌ただしさで一度倉橋町担当であった同僚のカバンと間違えて持って出たことがあります。家庭訪問でカバンを開けた時の驚き、間違えられた同僚も同様であったと推測した次第です。

当町渡子には、私の矢野小学校時代の恩師、射場利久男先生が住んでおられ、小学校を卒業後、夏のある日に一度訪問しました。4年生の時担任をしていただきましたが、15年前のことであり授業の内容は全く覚えていません。しかしながら「たいらばやしかひらりんか、いちはちじゅうのもくもく。（以下略）」で始まる話はよく覚えています。その後、先生とは私が海田福祉事務所へ転勤となり、安芸郡坂町を担当した時、偶然にも坂小学校で再会して驚きました。

②江田島町への担当地区変更

音戸町の担当はわずか1年で、江田島町に担当地区が変更しました。事務所から役場までの訪問経由は、呉桟橋からフェリーで小用港にて下船し、そこから呉市営バスに乗り換えて中郷まで行き、江田島町役場内に駐車中の自動二輪で島内を回ります。当町の有名な場所は、標高376メートルの古鷹山と旧海軍兵学校。現在は海上自衛隊幹部候補生学校、第一術科学校と名称変更しています。町内に学校、基地があり海上自衛隊員の多い町です。学校内の売店に勤めている生活保護受給者を訪問する時には、役場から公用通行証を借りて入ります。当町は広島湾上に浮かぶ一島で、周囲が海のためにどこでも海水浴が可能です。夏の炎天下、海水浴場の客を横で見ながらの訪問。時にはカバンの中に海水パンツを入れて、泳いでみたい欲望にかられましたが、公務中であり実行出来ません。幸の浦から国立青年の家がある津久江までの山道は険しく、舗装されていないために危険覚悟での山越えです。頂上付近に唯一無灯下の生活保護家庭がありました。夜間はランプ生活のため、子供の勉強等生活に不便であり、配電設備の申請手続きをしないまま、1年で転勤となりました。私にとっては悔いが残りました。

江田島町と大柿町の境には、両方にまたがる飛渡瀬地区があり、境界線が不明なために時々大柿町まで行くことがあります。気がついて慌てて引き返すことがありました。当町は能美町の北東に位置していますが、福祉事務所は呉市に設置されています。他の大柿町、能美町、沖美町は廿日市福祉事務所と管轄が分かれています。同一の島に呉と廿日市からそれぞれ訪問するのも不都合なことです。ちなみに、保健所は4町を管轄するのは大柿保健所です。昼の食事場所である大柿町柿浦の食堂で、廿日市福祉事務所のケースワーカーと逢うことがあります。同じ県職員で同じ仕事、何かしら親しみが深まります。仕事を忘れてしばし雑談が続きます。

4　広島県三次福祉事務所時代

昭和46年4月1日から49年3月までの3年間勤務。県北の三次福祉事務所に転勤。一般的には平職員が自宅の安芸郡矢野町から通勤圏外の三次に転勤する事例は稀で、後日、大学の榊先輩より、「何か仕事上でミスをしてとばされたのか」とご心配をおかけしました。個人的には結婚する相手が三次で働いており、前年の12月に異動希望を提出していました。三次から広島への転勤希望者は多く、反対は稀です。そのために簡単に転勤することが出来ました。三次では独身寮に入居。相部屋の三次児童相談所の真庭主事は広島市内の自宅から通勤することが多く、1人で占領していました。毎日、独身寮から自転車で通勤です。

①ヒバゴンの西城町を担当

当町は県の東北、中国山地のほぼ中央に位置しており、高山植物で知られる比婆山、放牧とスキーで知られる道後山を抱えた比婆・道後・帝釈国定公園にあります。また当時、通称「ヒバゴン」の出現で役場内に類人猿係が設置される等全国的に有名な町となっていました。ヒバゴンは県民の森方面での出現率が多く、東京の某社がヒバゴンを写真撮影したら100万円の懸賞金を出すと報道していました。私の担当区内であり、出張の際にはカメラを用意していましたが、残念ながら使用する機会がありませんでした。熊野神社の境内で、偶然にもヒバゴンを探すためにキャンプを張っていた名古屋の南山大学と愛知学院大学の探検部員に逢う機会がありました。南山大学は私の母校日本福祉大学の近くであり、親密感があります。

②視力障害者のIさんのこと

身体障害者手帳1級の所持者で単身生活されています。最初の挨拶が遅いと苦情を言われ、また訪問の都度、身体障害者に対しての配慮がなされていないとの苦情を連発。生活保護法の範囲内で最低生活費の計上、住宅維持費の一時扶助支給について最大限の処遇を決定。ある時は、法の限度を超える要求を訴えて本庁へ直訴されました。県庁の保護係から照会の電話を受けての対応で、老人福祉課の河野量吉主事から実態調査の際には同行する等、多忙を極めました。生活保護法以外の法や施策の不備のため、結果的にはIさんの要求を満たすことが出来ませんでした。

河野主事とは可部福祉事務所時代の同僚であり、西城町スポーツセンターで食事を共にする等、懇親を深めました。Iさん宅には他人介護の認定、ヘルパーの派遣、民生児童委員による訪問が頻繁に続きました。私もAケースに選定して毎月家庭訪問を続け、隣の家庭にも覗いてもらうことを頼み、年末にはお礼の手紙を出していました。3年間担当する中で何とか単身での生活を維持され、担当替えで挨拶に訪問した際には、最初と違って涙を流されたのには驚きました。

③信頼関係の確立について

ケースワーカーの基本として、対象者との信頼的対人関係ラポールを作ることが求められています。しかしながら、生活保護の現場では、収入認定業務が大半を占めており、そのためにラポールが崩れることがあります。ある40歳台の傷病世帯の事例です。家庭訪問をするも世帯主に面接が出来ません。家族に聞いても具体的に外出先を教えてもらえません。どうしたものかと対策を検討している最中に、事業主からの電話で世帯主が就労していることが判明しました。慌てて会社を訪問、賃金台帳を確認すると事実でした。世帯主の収入申告の義務違反、家族の虚言もさることながら、私の訪問の目的が達成しておらず、世帯主の不在が続いた場合の事務所としての対応に不備があったことを認めざるを得ませんでした。直ちに収入認定し、生活保護廃止の手続きをとりました。本来であれば不正受給としての手続きをとらなければなりません。上司にも言えず、私のみの判断で処理しましたが、後味が悪いことは当然で悔いが残ります。

④独居老人の死を発見

生活保護受給者の中には、高齢単身世帯が多くあります。新聞紙上で時々、１人暮らし老人が死後何日に発見されたとの記事を読むことがあります。現実に遭遇した時には大変に驚きました。柴田純夫主事の担当町である甲奴郡上下町を同行訪問中の出来事です。周囲から少し離れた場所にいた１人暮らしの老女を訪問することになりました。公用車を降りて家まで行く途中、２人で１人暮らしの老女の今後の処遇について話し合っていました。玄関先で来意を告げるも返答がなく、やむなく２人で家の中に入りました。昼間から布団に寝ている老女を発見、声かけするも返事がありません。私が脈をチェックすると脈拍がなく、布団の中で死亡されていることを発見しました。

全く予期せぬ出来事であり、2人でどうしたものか対応に困りましたが、とりあえず警察と事務所に急報が先であり、上下町担当の柴田主事に役場まで連絡を頼み、私は1人で留守番です。関係者が到着するまでは本当に不安な時間でした。府中警察署から鑑識の警察官が到来され、第一発見者である私が事情聴取されました。私から公務中の発見であり、広島県知事が発行する身分証明書を提示して事件には無関係であることを弁明することです。その結果、鑑識の警察官には疑いが取れて納得されたのも当然です。翌日の山陽新聞備北版に私の名前が報道されていることを知人から知らされました。

⑤昭和47年7月の県北の集中豪雨

昭和47年7月9日から降り始めた豪雨のため、10日午前3時大雨注意報が発令され、当日、スト支援のために本庁への動員を中止。10日の夜半から雨が激しくなりました。当時、私が入居していた吉川アパートは馬洗川の河川敷に建てられており、馬洗川が増水すればたちまちアパート内に浸水します。そのため夜間何回も懐中電灯を照らして馬洗川まで見回りに行っていました。11日の早朝、ついに馬洗川が増水決壊してアパート内まで水が入ってきます。慌てて1階の荷物を2階まで運びました。全部の荷物を運ぶことが出来ない内に、三次市消防署から避難命令が発令され、救命ボートで土手まで避難しました。

私はとりあえず事務所に出勤すると既に職員が出勤していました。ラジオの情報では、「既に三次市十日市町下原地区で崖崩れが発生、民家1戸が全壊し1人が死亡される。江の川の水位が警戒水位を突破して危険な状況にある」と報道しています。同日7時には、大雨洪水警報が発令。私がこれまで経験したことがない程の記録的な豪雨です。三次市を中心に人的被害及び家屋の被害が続き、当日10時25分に災害救助法が発令されました。全職員の動員です。午後から私と福原正則主事の2人で、救援物資を運んで広島から到着した自衛隊員を吉舎町の役場に案内です。当日は役場内で事務所と定期的に電話連絡をとっていました。12日の早朝3時頃、電話が繋がりません。心配になり雨天の中、役場の自転車を借りて事務所に帰所しました。電話が不通になった原因は、馬洗川の濁流で十日市町の土手が決壊し、濁流が市街地に浸水して三次電報電話局にも及び、機材が浸かって使用不能となったものです。本庁への電話報告も不能となり、庄原まで行き、そこから本庁の主管課に電話で報告していました。その後、三次市役所内に設置された自衛隊の通信回線で本庁に報告することが出来ました。

馬洗川の増水が引いた後、私が住んでいたアパートは濁流が1階天井まで浸かっており使用不能です。やむなく事務所や知人宅を転々としていました。食事は三次市役所で罹災証明の交付を受けて、役所で炊き出しのむすびをもらったり、市役所に持参された援助物資の中の缶詰を食べたりの不規則な生活が1週間続きました。市内の至る所に部屋から持ち出されたごみの山が積み上がり、我が家も同様です。ごみ、泥を除去するために広島から日本福祉大学同窓会広島県地域同窓会の同窓生が駆けつけてくれました。とても我々2人だけでは膨大な粗大ごみの片付けが出来ません。応援に駆けつけて頂いた同窓生の皆様に感謝です。

それにしても、7月13日以降は警察から「緊急輸送車両確認証明書」の交付を受けた車以外は、市内の通行禁止となっていましたのに、どのような方法で入市が出来たのか不思議です。

5 広島県海田福祉事務所時代

昭和49年4月から昭和54年3月までの5年間勤務。昭和49年7月から妻京子が広島市役所に採用が内定し、私も異動希望を提出していましたが幸いにも総務課長の岡田次夫様に配慮して頂き、無事、海田福祉事務所に転勤することが出来ました。自宅の近くのアパートを借りて海田まで自転車通勤をしていました。担当地域は安芸郡船越町。当町の面積は3・3平方キロメートルと狭く、安芸郡の北部に位置する町です。海田電報電話局の裏に在日朝鮮人の方が多く住む地域があります。住環境が極めて不良で、下水道の配管設備が完備されていないために、雨天時には水が溢れる程です。職業も、民族的差別を受けて労働市場が少なく、従事する仕事も不安定です。そのために要保護状態の世帯が多く、保護率も一般世帯と比較して高いのです。外国人が生活保護を受給する場合には、保護の決定通知書に記入されている不服申し立ての事項を削除していました。その理由は、昭和39年の社発382号の社会局長通知「生活に困窮する外国人に対する生活保護の措置について」が、現在も生きているからです。

通達の運用指針の中で、外国人に対する保護は法律上の権利保障ではなく「単に一方的な行政措置によって行われている」にすぎません。生活に困窮する外国人に対する生活保護は、「権利として保護の措置を請求することが出来ない」との判断です。

①郡内で最も保護率の低い安芸町

当町は、近年、広島市との交通が至便のため広島市のベッドタウンとして発展しています。そのために人口も急激に大増加する一方、保護率は反対に郡内で最も低い地域です。

当時広島市は、新全国総合開発計画の中、中国・四国の拠点として政令指定都市昇格を急ぐために周囲の町と合併していました。その中で安芸町も昭和49年11月1日、船越町も昭和50年3月20日、合併特例法の期限が切れる寸前に広島市と合併しました。その結果、年度の中途でしたが、昭和49年11月1日に広島市中央福祉事務所にケース移管の手続きをとりました。引き続いて昭和50年3月20日には、船越分を広島市中央福祉事務所にケース移管の手続きをとりました。このように事務所内で偶然にも私の担当する船越町と安芸町が合併により、広島市にケース移管することは、所内では初めてのことでした。私が家庭訪問後に記入するケース記録は、新規採用時から汚く、恥ずかしい文章です。ケース移管することが事前に判明しておれば、ケース記録を丁寧に記入しておくべきでしたが、間に合いません。広島市の船越町担当ケースワーカーは、私のケース記録を読んで驚いておられるでしょう。

②坂町で船内生活をするKさんのこと

当町は広島市と呉市の中間に位置しており、中国電力坂火力発電所がある町としても有名です。町内で船上生活者のケースがありました。船を港内に入れ、炊事は陸で山水を利用しての不便な生活です。既に役場及び福祉事務所から何度も陸での生活を勧められていましたが、長年の船上生活に慣れたものか、全く聞き入れません。夏のある日、家庭訪問をした時です。陸から声をかけても返事がありません。心配に思って周囲を見渡すと、炎天下のために海水に入り、首まで浸かっている姿に驚きました。呉線で側を通過する都度、Kさんの船を見て、その後の生活を心配していましたが、病院に入院されたことを同僚から聞かされました。

③熊野町の視力障害者Yさんのケース

昭和50年2月、本庁保護係より私に電話がありました。仕事上の失敗で本庁からの呼び出しかと心配しましたが、実状は、「熊野町で生活保護を申請されたYさんのケースファイルを本庁に持参してください」との内容でした。視力障害者のYさんは、町内でマッサージ業を営業されていました。昭和49年8月に奥さんが出産されましたが、左目に異常があることが分かり、広島大学病院で精密検査の結果、「網膜芽細胞腫」と診断されました。他の臓器に転移の恐れがあるため左眼球摘出手術を受けました。右目にも病気が転移して昭和50年1月に再入院され、医療費は特定疾患のために全て無料ですが、雑費の負担に困り、生活保護を申請されたものです。

熊野町の担当高田博文主事が研修のために不在で私が代理で調査に行きました。調査した結果、入院中の付き添い費用、通院のための交通費、電話代、雑費等で月30万円がかかります。しかしながら生活保護の運用上では、広島大学病院は基準看護の承認を受けているために、付き添いの費用は支給されません。結果的には世帯主の営業、年金収入を合計して要否判定した結果、最低生活費を超えるために却下となったものです。

Yさんは県に対して「低利子、無担保の応急資金を貸し付けてほしい」との要望書を提出されました。3月の広島県議会でこの要望が取り上げられ、広島県として対応するためにケースファイルの提出を求められたものです。結果的には、広島県は世帯更生資金の弾力的な運用で療養資金と生活資金の貸し付けを受けることは生活保護制度には多くの限界があり貸し付けは出来ませんでした。改善については相当な時間が必要とされます。他法他施策の活用を図ることが求められています。

④府中町のガンの夫、重症心身障害者の長女を介護するSさんのこと

当町は古くから安芸の国府として知られ、安芸の国の三大神社の一つである多賀神社が置かれるなど、史跡が残っています。また町内には東洋工業とキリンビール広島工場があり、多額の法人事業税が入ることにより日本一裕福な町と言われていました。人口4万6、000人のマンモス町です。電話のダイヤルは広島市内局番、住民の大半が広島市に通勤・通学する広島市の生活圏です。

　夫がガンに侵されて広大病院に入退院を繰り返し、家庭では重度の心身障害者の長女を抱えたSさんの懸命な介護には頭が下がります。毎日のおしめの洗濯、家事、介助等で睡眠時間が5時間しか取れません。毎日の多忙な中でも、Sさんは全く苦にせず頑張っていました。事務所として長女の施設入所を勧めたこともありますが、長女の介護がSさんの生きがいであると主張され、実現していません。Sさんが病気で長女を介護出来ない場合には、在宅重度心身障害者緊急一時保護事業制度を利用するしか方法がありません。

　一度、Sさんが寝込んだ時のことです。早速上記の制度活用を助言しましたが、入所させることに反対され困ったことがありました。やむなく他人の介護人をつけて一時的に対応しました。その後、不幸にも夫が病死され、長女と2人世帯になりましたが、毎日の奮闘は持続中です。

⑤中国から府中町に一時帰国されたTさん

　中国山東省蓬莱県から府中町の姉を頼って一時帰国されたTさんは、私と同じ矢野町の出身であり特別親密感を覚えました。昭和47年9月、日中国交正常化に伴い、昭和48年から、中国から一時帰国される場合、国が援護措置をすることを決めていました。この制度の適用を受けて中国の居住地から日本までの往路及び帰路の旅費を国が負担するものですが、国内での生活については保障がありません。

そのため、昭和29年5月、社発第382号通知を準用して生活保護を適用するものです。府中町ではTさんが2人目の一時帰国です。敗戦直後の混乱の中で日本に帰国することが出来ず、やむなく中国人の夫と結婚されたものです。日中国交正常化後、Tさんは肉親の安否を確認するために広島の警察に手紙を出して調査をお願いされました。その結果、姉2人が府中町と広島市矢賀町に居住されていることが判明しました。Tさんと姉2人との間で何回かの手紙によるやりとりがなされた後、三十数年ぶりに府中町の姉と再会され、地元で大歓迎を受けられました。姉の家に同居中、私が毎月の保護費を持参していました。最初は、姉もTさんの一時帰国に賛成されていましたが、同居が長くなると生活習慣の違いで不和が目立ち、姉と別れて船越のアパートに別居せざるを得ませんでした。

Tさんの一時帰国の間に、日本で子供の教育を受けさせてやりたいとの意向が強く、永住を希望されましたが、事情により実現出来ず中国に帰国されました。その後私も転勤でお会いする機会もありませんでしたが、昭和55年12月19日の中国新聞を読んで、Tさんが昭和55年に永住帰国され、娘さんが中華料理店で勤めておられることを知り、驚きました。子供は日本語が分からず、広島市立観音中学の夜間学級で日本語を勉強中、言葉と生活習慣の相違で苦労が多いとのことです。中国からの引き揚げ者に対して、まだまだ国内の支援体制が不十分であり、早急な対策を望むものです。Tさんは広島市内の清掃会社に就職され、広島県庁内で就労されているとの記事を読み一度再会するのを楽しみにしています。

⑥海田町で独居老人の死亡を発見

甲奴郡上下町で、一度独居老人の死亡を発見した体験がありましたが、安芸郡海田町でも同じ体験をしました。ある土曜日の午後、事務所内に残業で残っていましたら、アパートの家主から事務所に電話がかかり、私が対応しました。数カ月も家賃を滞納しており、苦情の電話です。家主と同行してアパートに行きました。中に入ると部屋の中で死亡されており死体も腐敗しています。土曜日の午後であり事務所には私のみです。慌てて警察、民生委員、役場に連絡応援を依頼しました。私が第一発見者であり、警察から事情を聴かれました。海田町担当のケースワーカーは午後から広島市内のパチンコ店に行っており、連絡不能です。私は担当のケースワーカーでもないのに不運ですが、逃げることも出来ず、対応せざるを得ません。本人は単身者で、病院を退院後、病弱のために就労することが出来ず生活保護を受給中でした。海田町担当のケースワーカーが定期的に家庭訪問をしていましたが不在で、1カ月以上も役場で受け取る保護費を取りに来られず生活保護が廃止されたものです。確かに玄関のポストの中には訪問のメモが入っていましたが、急死されてメモを読んでおられなかったのかも知れません。単身者で他の町からの転入で、アパート内での他の入居者との交流もなく孤独な生活だったと推定します。翌日の日曜日、呉市の火葬場での葬儀も親戚からの参加はなく、事務所と役場の職員のみでした。課題としては、機械的に生活保護を廃止したこと、家主から合鍵を借りてでも部屋の中に入り確認することなどの対応が必要です。

ケースワーカーは県知事から発行される立ち入り調査証の交付を受けており、業務で必要な場合には立ち入ることが可能です。または、メモを残しても連絡がない場合には、事務所への来所指示の文書を出すことも可能です。後日、家主から、このような事案が発生したことが原因でアパートへの入居者が減少して、その損害賠償を広島県に請求したい旨の相談がありました。

6　広島県可部福祉事務所時代

昭和54年4月から昭和58年3月までの4年間勤務。子供の保育所が近い場所として、2回目の可部福祉事務所に転勤。12年ぶりに元の職場に戻りましたが、町内に大型の団地が造成されるなど様相は大きく変貌していました。担当地区は高田郡甲田町です。昔から梨と桃の産地で、国道54号線には直売店が並んでいます。出張の方法は、最初は自転車、原付バイク、自動二輪、軽自動車、普通車と変わり私にとっては大きな進歩です。ある多人数世帯を訪問しました。夫婦に面接後、事務所に帰所。3日後役場からの電話で子供が出産したとの報告です。私は先日に面接したばかりであり、「嘘でしょう、最初は信じられませんでした」と、後日家庭訪問をした際に世帯主に質問しました。「どうして妊娠された事実を私に教えてくれなかったのか、妊娠を確認した翌月から加算が認定出来ます」と言いたかったのです。世帯主の「私も知らなかった」との弁明です。子供であれば嘘は通りますが、私も結婚しており、多子世帯ということで世間体を気にされていたのかもしれません。私も、配偶者に家庭訪問の際面接をしましたが、肥満体でありましたがまさか妊婦さんとは気がつきませんでした。私の失敗の事例です。

7　広島県中央児童相談所時代

昭和58年4月から平成2年3月までの7年間勤務。昭和58年3月の末、例年どおりの異動の時季です。所長から呼び出され、「中央児童相談所相談課に配置換えとなりました」と申し渡されました。私はこれまで児童相談所に異動希望を提出したことがなく、最初はてっきり中央福祉事務所という新しい福祉事務所が新設されたかと勘違いをしました。中央児童相談所は宇品の南警察署の隣、福祉センターの中に設置されています。自宅からやや遠方となりましたが、公務員ですから異動があることは承知しています。

芸備線玖村駅から18分で広島駅に到着、市内電車で県病院前の停留所まで25分、徒歩15分で到着です。児童福祉司として担当区域の学校を訪問すると、受付の事務職員から「児童相談所の先生が来られました」と校長室に案内されます。福祉事務所のケースワーカーは先生とは呼ばれませんので、最初は恥ずかしい気持ちがありましたが、そのうちに慣れました。

児童相談所は、昭和22年1月に制定された児童福祉法を根拠に設置され、0歳から18歳までの子供に係わるあらゆる相談を無料で受けています。福祉の大学で一応の知識があるものの、実際の経験がなく慌てて勉強開始です。担当地域は大竹市、佐伯郡、山県郡、高田郡、安芸郡と広い範囲です。大竹市には月1回の定期的な相談が設定されており、心理判定員と2人で定期相談会に出ます。触法少年、不登校、進路相談、養護の事例等を受けて助言指導しています。7年間の勤務中、1年間呉分室に勤務しました。呉市には、以前呉児童相談所が設置されていましたが、県の機構改革により廃止され、中央児童相談所の管轄となりました。地元より強い要望があり、呉合同庁舎の倉庫を改造して分室となりました。職員がわずか4人の小さい組織です。私は呉市の半分を担当していました。

8　広島県可部福祉事務所時代

平成2年4月から平成5年3月までの3年間勤務。平成2年4月に三度目の転勤。高田郡八千代町と山県郡戸河内町を担当するケースワーカーと老人福祉指導主事を兼務。老人福祉指導主事とは、当時、広島県の福祉事務所ケースワーカーは、4法担当（生活保護法・老人福祉法・身体障害者福祉法・精神薄弱者福祉法）のケースワーカーでした。老人福祉法により老人ホームへの入所申し出が役場経由で提出されれば、担当のケースワーカーが調査に行きます。経験の短いケースワーカーの場合には、ベテランの職員が同行して個別指導をします。老人福祉指導主事がまさにその仕事です。

また、老人ホーム入所判定委員会の事務局も担当しました。原則、月に1回、判定委員は福祉事務所に来て頂き、合議制で老人ホームの入所要否及び養護か特養かを決定します。しかしながら判定委員は、施設長、嘱託医、千代田町福祉課長等多忙な業務の中では、月に1回の会議も欠席する場合があり、そのため事務局で持ち回って決裁を受けていました。

9 広島県東広島福祉保健センター時代

平成5年4月から平成9年3月までの4年間勤務。平成5年4月、全国で初めて福祉事務所と保健所が統合して、新たに福祉保健センターが組織されました。私は、福祉課福祉係長に配置換えとなりました。芸備線と山陽本線で西条駅まで通い、駅から徒歩15分で西条合同庁舎に着きます。東広島市役所の前に合同庁舎が建てられており、3階が福祉保健センターです。同じ部屋に福祉事務所の職員と保健所の職員が同席しています。福祉事務所の所長と保健所の所長の2人体制で、私は福祉係長と査察指導員を兼務しています。と同時に保健所の職員も兼務しています。管内は賀茂郡の5町で、新人のケースワーカーとの同行訪問や女性のワーカーとの同行訪問をすることもあります。広島県に続いて島根県も福祉事務所と保健所が統合されました。その新設の名称は、広島県と違って、例えば「出雲保健福祉センター」との呼称で福祉と保健が逆です。これは、島根県は保健所長が福祉事務所長より格付けが上位であることを示しています。福祉事務所と保健所の統合は、全国的にも広島県が先進県であり、他県からの視察が増加しました。私も視察団への説明をする機会がありましたが、特別なメリットもなく説明に困ったこともありました。

①ドイツ・フランスへの視察

平成5年10月23日から11月5日までの14日間、平成5年度厚生省主催の福祉事務所生活保護担当職員海外研修会に参加。この制度は平成3年度よりスタートし、平成3年度はイギリス、平成4年度はオーストラリア及びニュージーランド。平成5年度はドイツとフランスでした。全国で30人の募集で広島県からも各福祉事務所に案内がありました。私は生活保護行政に長く従事しており、どうせ抽選に漏れても仕方ないとの軽い気持ちで応募しました。後日、主管課より電話があり「畠山さん内定しました」とのことです。慌ててドイツ語とフランス語の勉強開始です。ドイツ語は大学時代に第二外国語で習ったことはありますが、フランス語は全く分かりません。初級フランス語入門の本を購入するも、理解出来ません。やむなく日本語で「これはいくらですか」のフランス語である「コンビィアン」の一言を覚えたのみです。

出発前に一度東京で説明会が開催され、出張で参加しました。団長は厚生省社会援護局保護課の久保省三課長補佐、副団長は福岡伸夫様、団員は北は北海道から南は沖縄までの参加で計32人が推薦されました。前日に東京都内で宿泊、帰国した際にも、東京都内で泊まり計16日間の長期出張でした。出発前には本庁の主管課に挨拶に行き、お礼を述べました。また、帰国後、土産を持参して本庁の主管課に行きました。全ての費用が国費であり、帰国後は報告書を作成して厚生省と本庁の主管課に提出しました。参加者で2年に1回の再会を願って同窓会を組織しています。A班、B班、C班、D班の順番で全国各地において開催しています。

第一回　平成6年　熱海　12人参加
第二回　平成8年　奈良　11月2日と3日　11人参加
第三回　平成10年　東京　10人参加
○第四回　平成12年　静岡　11月18日と19日　13人参加
○第五回　平成14年　広島　11月23日と24日　鯉城会館　13人参加
○第六回　平成16年　大分　10月30日と31日　別府温泉つるみ荘　9人参加
第七回　平成18年　山形　11月3日と4日　蔵王温泉こまくさ荘　15人参加
第八回　平成20年　山梨　11月1日と2日　甲州石和温泉郷　ホテルやまなみ
○第九回　平成22年　愛知　10月30日と31日　KKR名古屋共済会館　16人参加
○第十回　平成24年　三重　9月29日と30日　伊賀上野フレックスホテル　10人

○第十一回　平成26年　鳥取　11月22日と23日　うなばら荘　10人参加
○第十二回　平成28年　東京　11月12日　ルポール麹町　13人参加
　○印は私が参加した年です。

ここに、平成14年に私が幹事として担当した「平成5年度厚生省生活保護担当ドイツ・フランス海外研修生第五回同窓会のご案内」を紹介します。

　全国各地でご活躍されておられます同窓生の皆様、お変わりありませんか。2年に1回開催しています同窓会が、本年度はA班の担当となり、2年前の静岡での約束どおり広島での開催を計画しました。この9年間の中で、私自身も昨年4月、広島県三次福祉保健センターから県芸北地域保健所に異動となりました。34年間も福祉の分野にどっぷり浸かっていましたので、全く新しい保健の分野は理解出来ず、毎日、悪戦苦闘しているのが実情です。私は定年まで残り3年間、中学生の子供がまだ1人おり、退職することも出来ずに毎日出勤しています。会員の皆様の中には既に職場を退職され、再就職されている方、悠々自適の生活を過ごされている方、ボランティア活動等を熱心に取り組まれている方、海外旅行を楽しまれている方、家族の介護で日夜ご苦労されている方等あると思います。お互いに近況を報告する中で、また、ドイツ・フランス海外研修での思い出話をする中で親睦を深めたいと思います。会場の宿泊施設は、広島市の真ん中ですが非常に静かな場所、平和公園に近く早朝に散策するには最高の場所です。翌日は宮島を見学されるのもよし、他の場所も含めて観光の相談に応じます。どうぞ多数の参加をお願いします。

平成14年3月22日　A班　幹事　広島県　畠山　護三

記

とき　平成14年11月23日から24日　当日17時30分にロビー集合
ところ　広島市中区大手町一丁目5―3　地方職員共済組合鯉城会館　以下（略）

当日の担当幹事挨拶

本日は、北は北海道から久保団長様、南は福岡県から本松茂雄様をはじめ計10人と長濱幸夫様の奥様、小泉博嗣様の奥様、洲脇一裕様の奥様の計3人で合計13人が、ここ広島に集合して頂きまして厚くお礼を申し上げます。今回の当番はA

班です。2年前の静岡での第四回同窓会に初めて参加させて頂きました。その際順番どおり、次回はA班と決まったものの、誰が幹事をするの？　酒の勢いで「西日本で一度開催してほしい」との意見が出ました。

さて、A班で西日本から出席しているのは私のみです。欠席者の方に幹事をお願いするのも酷なこと、菊池班長の承諾もえずに引き受けたものです。後日、菊池誠元班長には電話で承諾を得ました。さて、平成13年度も過ぎ、平成14年度に入る直前、そろそろ団員の皆様にご案内をと思い、7カ月前の平成14年3月22日付でご案内を発送しました。宿泊先を決めるために地方職員共済組合鯉城会館を訪問しました。支配人が同期であり早めにシングルA10とC2の計12部屋を予約することが出来ました。返信はがきで5月末までに返事をお願いしていましたが、皆様ご多忙です。8人の参加申し込みしかありませんでした。さあ、大変です。返事のない方へ6月4日付で再度案内を発送すると同時に、個別に電話で勧誘です。私の無理なお願いが効いたものか、また、締切日を過ぎての申し込みもあり、10人となりましたが、長濱様、小泉様、洲脇様の奥様にも参加して頂きまして計13人となりました。

都合により出席出来ない団員の皆様からも近況報告を送って頂きましたので、別紙にて報告します。2人の方からは返事がありませんでしたが、6月25日の電話での状況を報告します。大森龍登様の住所は従来どおりですが、今年の4月に下関市役所を定年退職されたとのこと、また、土曜日と日曜日は孫の送迎があり出席が出来ない。皆様に宜しくお伝えください。大杉宏様の住所は従来どおりですが、土曜日と日曜日は仕事で休めない。皆様に宜しくお伝えくださいとのことでした。

また、10月29日に奈良県の和田重寛様から電話があり、当初参加を予定していたが、当日に急きょ出張が入り参加が出来なくなったこと、申し訳ありません。11月7日には長崎県の百田隆子様からはがきを受理。当初参加を予定していたが都合により欠席。11月21日には松江市の折坂英紀様からの電話で、近所で不幸があり葬儀に参加するために欠席。いずれも参加者の皆様に宜しくお伝えくださいとの伝言でした。残念ですが、次回の同窓会でお逢いしたいと思います。

さて、本日は長濱様ご夫婦を除いて全員が宿泊されます。9年前のドイツ・フランスでの研修、エピソード、失敗談、現在の職場、生活等を含めゆっくりと交流を深めて頂きたいと思います。明日の日程で時間的に都合がつく方がおられましたら、日本三景のひとつ安芸の宮島をご案内します。紅葉の宮島も素晴らしく、きっと良い思い出に残るでしょう。本日は誠に有難うございました。

A班　幹事　広島県　畠山　護三

終了後の報告

平成14年12月に入りますと、急に忙しくなります。皆様お変わりありませんか。さて、広島から第五回同窓会の報告をします。第一回はA班担当で熱海、第二回はB班担当で奈良、第三回はC班担当で東京、第四回はD班担当で静岡と2年に1回の割合で続いた同窓会も再度A班に戻り、私が幹事となって広島で開催しました。当初は13人の会員が広島に集合される予定でしたが、急きょ用事が入り、3人の会員が欠席となり最終的には10人になりましたが、長濱様、小泉様、洲脇様の奥様にも参加して頂きまして、何とか計13人で開催しました。

私は、午前中伯母吉村ミサヨの見舞い、午後からは広島県社会福祉士会の研修会を終え、会場の鯉城会館に到着したのは午後5時前でした。既に4人の方がチェックインされて入室されていました。1階のフロントで残りの参加者を出迎えて、予定どおり5時30分過ぎには全員集合です。1階のロビーでは全員が話す場所もなく、奥のカフェレストランに移動して、コーヒーを飲みながら、暫く懇談です。参加者の中には9年ぶりに再会された方もおられ、まさに感激の一瞬です。午後6時30分から百合の部屋で懇親会が始まりました。式次第によりA班の幹事である私が挨拶後、続いて福岡副団長による挨拶、乾杯の音頭は一番遠方から参加された長濱様にお願いしました。後は隣の席或いは場所を変えての懇談です。副団長の福岡様から、広島に来る前に急きょ出張となり、偶然に久保団長と再会したことの報告がありました。久保団長も当初は広島に来られる予定でしたが、急きょ用事が入り、参加が出来なくなりました。「参加された皆様に宜しくお伝えしてください」との伝言です。平成4年度から始まった海外研修で、定期的に同窓会を開催しているのはドイツ・フランスの組だけとの報告に、私達の組の絆の強さを誇るべきだと思います。これも久保団長と福岡副団長の人柄でしょうか？

菊池卓様は既に茨城県を退職され、茨城県身体障害者連合会の仕事をされています。同じ福祉の仕事ですが、県に勤務していた時のようなストレスは全くなく気分は爽快とのことです。西村久代様は広島が初めてとのことで2年前から楽しみに待っておられました。翌日は井上勇義様と2人を宮島に案内しました。私も家から宮島が近い場所であり、1人で行くことがあります。宮島は風光明媚な景観の地で、海に浮かぶ大鳥居と厳島神社は何時眺めても荘厳です。紅葉は少なく終わっていましたが、気ままな散策に思い出が残ります。宮島で西村様を見送り、井上様を短時間で広島平和記念資料館に案内しました。時間の関係でゆっくり説明が出来なくてすみませんでした。

本松茂雄様は、30年前に中国に初めて旅行された時の思い出を話されました。当時の服装は男性の場合全員が人民服、現在は東京と同じ服装であり驚いたこと、都会では携帯電話と車のブームが続いていることなど感想を述べられました。私も、8月6日から11日までの6日間、上海・杭州を旅行したばかりであり、本松様との話が合いました。長濱様は、何時も夫婦で旅行されており、今回もレンタカーで瀬戸大橋を通り、松山から岩国へ見学され、前日は宮島の安芸グランドホテルに宿泊、当日は宇品のプリンスホテルに宿泊され、翌日は倉敷を見学して帰宅とのことです。小泉様も車で旅行中です。鯉城会館の周辺で駐車場が見つからず、ウロウロされてやっと会館の地下駐車場に止めることが出来たと安堵されていました。翌日は松山を見学されて帰宅されました。

坂本則雄様は海外研修で帰国後、何カ所か転勤され、今年の4月から東近江行政組合事務局に派遣され、悪戦苦闘されています。洲脇様も夫婦で旅行される機会が多いとのことです。懇親会終了後、洲脇様からインターネットの検索で見つけた「広島名物お好み焼き元祖へんくつや」に行きたいとの要望で、私が案内しましたが見つかりません。やむなく修学旅行で人気のある「お好み村」に案内しました。懇親会で十分に食事も終えていましたが、何とか食べ終えて満腹です。

「お好み村」に行く途中、本通で暴走族が集合している現場に遭遇しました。多数の警察官、広島市職員、マスコミの関係者の間を私達2人はそっと通過しました。

二次会は、福岡副団長の部屋に私、菊池、西村、本松、井上、坂本、洲脇様の計8人が集合しました。井上様が自家製のワインを持参され、美味しく飲ませて頂きました。話題は当然9年前の珍出来事です。ドイツ・ヘッセン州の州都であるヴィースバーデンでのサウナ。中に入ると若い女性が入室されており男女混浴に驚き、早々に退場です。当日の懇親会には、長濱様からフランスの梨であるラ・フランスが宅配便で届けられており、感謝、感謝で

第5回ドイツ・フランス海外研修同窓会
（中列左から2番目が筆者）（平成14年11月23日）

す。洲脇様から菓子、西村様からはしおりと菓子を参加者の皆様に頂きました。また、鯉城会館の池田智闊支配人からは酒3本と粗品を頂きました。池田支配人は広島県職員であり、以前からの知り合いで、私達のために便宜を図って頂き感謝です。翌日の朝食は各自で終えられ、皆様に挨拶しなくて失礼しました。

8時には井上、西村様を宮島に案内するために先に出発です。仕事と家庭の都合で参加することが出来なかった皆様にも、約束どおり、当日の資料と写真を同封します。同封のはがきに返事を頂ければ幸いです。2年後にはB班の本松様が幹事を引き受けて頂けることになりました。日程及び場所については、後日、本松様から連絡がありますので楽しみに待っていてください。この同窓会に一度も参加されたことがない方には是非とも都合をつけて再会したいですね。ご夫婦での参加も歓迎です。今回は3組のご夫婦に参加して頂きました。同窓会に参加されて近くの観光地を見学、また、買い物等楽しみが増えます。還暦が近づくと身体のあちらこちらに痛みが出現します。お互いに健康には十分に気をつけましょう。

平成14年12月4日　畠山　護三

②第12回広島アジア競技大会が開催され、広島空港の接遇班長として勤務

平成6年10月2日から16日まで、広島広域公園陸上競技場（通称ビッグアーチ）での広島アジア競技大会。首都以外での大会の開催は初めてです。42カ国・地域から6、828人が参加。広島での大会の特徴は、公民館を拠点にした「1館1国運動」に代表される市民交流が行われたことです。これは地域公民館単位で応援する参加国をそれぞれ決めて、住民がその国の歴史や文化を事前に学習し交流を深めるものです。

施設としては、広島市安佐南区の丘陵地帯に、広島広域公園と選手村を整備、会場と都心部とを結ぶアストラムラインが建設されました。また、都心部を結ぶ4号線（有料）が開通しました。

広島市と県の共同で主催しており、県の職員にも動員がかかります。私は広島空港での接遇班長が仕事です。広島空港に到着及び出発するアジア圏の選手と役員の送迎です。アジアの各国でも言葉が違いますが、全ての国の言葉に対して学生の通訳を配置することは出来ません。基本的には英語で何とか会話が可能とのことで、英語を話せる学生によるアルバイトを統括し、会場へ出発するバスまでの引率です。時間の余裕がある時には西風新都で開催されている会場まで行きました。

中国の女子陸上選手の「馬軍団」が活躍しましたが、広島空港での選手の送迎の際に、選手を身近に見る機会がありました。とても女性選手とは思えない程、筋肉が逞

しく、圧倒されました。後日、多くの選手がドーピングしていたことが発覚し、中国が獲得したメダルのうち金15、銀7、銅1の計23個が剝奪されました。参加国の中には、旧ソ連から独立したカザフスタン、タジキスタン、ウズベキスタン等中央アジア5カ国の参加がありました。空港で見送りの最中に、ロシア民謡を共に歌う機会がありました。私にとっては良い思い出です。平成19年7月からビッグアーチが見える広島医療保健専門学校に勤務しております。これも偶然でしょうか、時に13年前のことを思い出します。

英語のボランティア学生であった山平優子様、大学を卒業後東京の外資系会社に就職され、現在は福祉介護系のコンサルタントとして活躍中です。平成28年11月、東京で再会しました。私も福祉の仕事に従事して50年、共通の話題で話が盛り上がりました。

③第46回全国植樹祭の動員

平成7年5月21日、東広島市で開催された全国植樹祭に、県職員として動員がかかり参加しました。前日には東広島市内のビジネスホテルに泊まり、当日は早朝に集合します。全国植樹祭は、国土緑化運動の中核的な行事として、大会の前身は、「愛林日植樹行事」に遡り、昭和25年からは山梨県で「植樹行事並びに国土緑化大会」として第一回が開催されて以来、毎年春に開催されています。昭和45年の第二十一回の福島県からは現在の名称になり、今日に至っています。以前は参加者の規模が1万人を超えることは珍しくなく、平成14年に山形県で開催された会場では12000人を数えましたが、平成20年代に入ると地方自治体の資金難や広い植樹会場を設営することが困難などの理由で縮小傾向となり、平成25年の鳥取県南部町の会場ではスタッフを含めて7000人規模となっています。

広島での全国植樹祭は、前日から雨天となり、当日も雨天でした。参加者は傘を使用することが警察から禁止されています。その理由は、大会式典では何時も天皇の「おことば」、天皇・皇后による「お手植え・お手まき」行事のために天皇・皇后による行幸啓が実施されますが、参加者が持つ傘が万が一凶器になる可能性があるからです。やむなく、参加者全員はビニールの雨カッパを使用することになりました。雨が酷くなると服が一部漏れることがありました。

④第五十一回国民体育大会が開催され、動員で参加

平成8年1月26日の開会式から10月17日の閉会式の期間、第五十一回国民体育大会が広島市を主な会場として開催されました。夏季・秋季大会は2年前に行われたアジア競技大会の会場がそのまま使用されました。主要会場は、広島ビッグアーチでした

が、競技種目によっては、県内の各施設を使用。例えば水泳は福山市緑町公園屋内競技場、カヌーは高田郡八千代町八千代湖カヌー競技場、テニスは尾道市の県立びんご運動公園テニスコート、バレーボールは広島市猫田記念体育館等43会場に分散しました。今回も県の職員として動員がかかり、開会式及び閉会式に参加する機会を得ました。また、各会場での受付要員等の事務を担当しました。総合成績は、各担当する都道府県が天皇杯及び皇后杯を受賞するシステムになっており、天皇杯の優勝は広島県、準優勝は大阪府、第3位は東京都でした。皇后杯も優勝は広島県、準優勝は大阪府、第3位は東京都でした。

10　広島県三次福祉保健センター時代

平成9年4月から平成13年3月の4年間、保健福祉推進室長として勤務しました。三次は2回目の勤務です。福祉事務所と保健所の両方にまたがる業務を担当していました。と同時に、三次農林事務所と庄原農林事務所中山間地域対策室の（兼務）専門員の辞令が発令されました。広島県が、中山間対策として、県内76の市町村から申請された中から5市町村を選定、5年間で10億円の事業を展開する際の福祉部門の助言者が期待されます。その意図で保健福祉推進室長である私がこの事業に、福祉の専門職として関わりました。最終的には三次農林事務所管内では双三郡作木村が該当、庄原農林事務所管内では比婆郡東城町が該当しました。県内5地区の中で私は2地区を担当することになり、多忙を極めました。

作木村は、当時、県内で最も高齢化率が高い（45％）村であり、特別養護老人ホームの整備が要望されていました。作木村を圏域とする県北では、ベッド数がオーバーしており、整備が認められませんでした。しかしながら作木村が県の指定を受けたことで、作木村では特養施設整備を含む小学校の整備、カヌー基地の整備等で対策計画を県に提出され、最終的には承認されました。その秘訣は、他の圏域で余ったベッド数5～10を寄せ集めて30のベッド数を確保し、作木村に認めたものです。私自身も、県内で高齢化率のトップに位置する作木村において、特別養護老人ホームの必要性を文書で作成し、実現を求めていましたので、小規模の特別養護老人ホームが整備された際には、大変喜びました。

①広島のテレビ「ＲＣＣ」からの報道、初めてテレビに出る

〈おはよう　広島県〉

サブタイトル「みんなで育てる高齢者介護」ホームヘルプサービス・スタート

おはよう　広島県
オープニングタイトル
○オープニング
（ＮＡ）高齢社会を迎え、私達にとって今介護の問題が老後の最大の悩みとなっています。

介護を医療制度の社会保険のような仕組みで、介護サービスを行う人と、サービスを求めている人を結ぶ新しい制度が誕生します。
○　リード
（加納）おはようございます。

今日は県北の三次市に来ています。

平成12年４月から介護保険制度が始まります。その導入を控えて、広島県から委託を受けて、ＪＡ三次・庄原で「高齢者ホームヘルプサービス」事業が平成10年10月スタートしました。

今週のおはよう、広島県は、介護保険制度に向けて進めている「高齢者ホームヘルプサービス」の試みを紹介しましょう。

サブタイトル
みんなで育てる高齢者介護　ホームヘルプサービス・スタート

介護保険制度について

介護保険制度のあらまし

（ＮＡ）介護は家族だけで行うことは非常に困難です。平成12年４月からスタートした保険制度。国民１人１人が40歳から一定の保険料を支払い、国庫と保険料で介護サービスを社会全体で支えようというものです。

利用者の希望を尊重した総合的なサービスが、安心して受けられる仕組みを目指しています。

介護サービスを利用するためには、次のような手続きが必要です。

まず寝たきりや痴呆などで介護が必要になった時、市町村に本人や家族が要介護認定の申請を行います。

市町村は、本人の状態を知るために、訪問調査を行います。また、かかりつけの医師に意見書を書いてもらいます。

市町村は、これに基づいて保険・福祉・医療の専門家による介護認定審査会で介護保険の対象となるかどうか、どの程度の介護が必要かを審査し、認定します。

認定されれば、本人や家族は介護支援専門員らに依頼して、本人の希望を尊重し、介護サービス計画を作ります。

この介護サービス計画に従ってホームヘルプサービスを利用することができます。ここでサービス費用の1割を介護者が負担します。

モデル事業の狙いについて

中山間地の介護サービスの今後

県三次福祉保健センター畠山保健福祉推進室長インタビュー

（加納）従来の市町村で行っている福祉と介護保険制度とどう違うのですか。

（畠山）現行の福祉制度は応能負担と申しまして所得に応じて費用徴収がかかります。介護保険は応益負担と申しまして、サービスを受けた費用の1割がかかります。

（加納）特に、中山間の地域では、介護サービスを受けにくい環境にありますね。

（畠山）都市部と比較して中山間地域は民間の業者が入ってきにくい実態があります。広島県はホームヘルプサービスの提供回数が全国的にも非常に低い県です。そのために地域に密着した組織力や福祉稼働に積極的なＪＡ三次と庄原に委託を考えたところです。

○ホームヘルプサービスＪＡ三次ふれあい課

（ＮＡ）ＪＡ三次は、5年前から高齢者福祉に力を入れ、生活相談員や婦人部が中心になって、ボランティアグループ「たんぽぽの会」や配食サービス、ホームヘルパーの養成を市町村や社協の協力を得て、積極的に展開してきました。ＪＡ三次がスタートさせたホームヘルプサービスは、在宅介護サービスを希望する65歳以上の寝たきりや体の弱い老人を対象に、３６５日24時間体制で在宅サービスを行っています。

ＪＡ三次「ホームヘルプサービス」とは

ＪＡ三次ふれあい課　向井課長インタビュー

（加納）今実施されているホームヘルプサービスの体制は、どのような仕組みで行われるのですか。

（向井）ＪＡ三次のホームヘルプサービスは、介護保険制度と同じ仕組みで行っています。

現在ヘルパーの数は40人で、実際には10人が活動しています。サービスの内容は、身体介護と家事援助です。利用者によっては1日に2回から3回も出かけています。登録ヘルパーさんですので、つなぎ、つなぎと調整するのが大変です。サービス料金の1割が自己負担となっています。サービスの料金は身体介護、家事、時間帯によって違います。1時間当たり１９０円～３８０円となっています。

サービスを受けている岩谷さん

（NA）三次市を抜けると山々が広がります。ヘルパーのJさんは自宅から車で35分の岩谷さんの家へ行っています。
高齢者の家族・介護されている人インタビュー
（JA）こんにちは岩谷さん、あがらせてもらいますよ。
（岩谷）どうぞどうぞ。
（JA）変わったことはありませんか。寒いですから心配していますよ。
（加納）岩谷さんのサービス内容は昼食作りと掃除です。昼食のメニューは、しいたけのはんぺんの煮しめ、レタスと人参の酢のものです。
（JA）岩谷さん、出来ましたよ。ゆっくりどうぞ。ご飯おいしいですか。
（加納）毎日同じヘルパーが介護を行うことは不可能です。
（岩谷）ごちそうさまでした。
（JA）ゆっくりどうぞ。
（加納）介護の連携プレーに必要な「ふれあい手帖」に今日の記録を書き込むこともヘルパーの仕事です。
（JA）岩谷さんは、酢のものが好きです。どのヘルパーさんもそれぞれ栄養の高いものを考えています。利用者の好みを知って、おいしく食べてもらうのが仕事です。

（加納）ヘルパーさんにどうしてなってみようと思われたのですか。

（ＪＡ）やっぱり老後を１人で生活されている方は心細く、不安なことを多く抱えています。少しでも生活のお手伝いをさせていただきたいと思いまして。

（加納）今、親と離れて生活されておられまして、このサービスはどのように考えておられますか。

（娘）大変助かっています。ちょっと遠いですから再々行かれません。食べること、身の回りの事全てやってもらっていますから。本当は、病院に入院させ、24時間世話してもらえるのが良いのですが。しかしながら長時間で考えると自分の家が一番良いと思う。そのため反対はしませんでした。

（ＮＡ）主婦からヘルパーになった久保さん、今日の買い物は家事サービスです。近くのスーパーで依頼を受けた食品を買い物中です。

（久保）丁度、あんぱんは嫌いで、丸くてレーズンが入ったパンが見えたのでこれに決めました。

（加納）本人の要望を聞きながら買い物をしているのですね。ヘルパーの仕事を始められて２カ月が経過したのですね。いかがですか。

（久保）私は大変喜んで、この仕事をさせてもらっています。

（加納）どういうところが良いですか。

（久保）利用者の方が私を待ってくれているし、仕事が好きなんです。私の担当するおばあちゃんを母親と思って世話させてもらっています。

（加納）大変なことはないですか。

（久保）今までに雪が降らないから、雪の降るのが一番心配です。約束した時間に行かないといけない。今までは時間に支障なく、２人組で行っています。

ＪＡ三次　桑原常務インタビュー

（加納）今回ホームヘルプサービスのモデル事業をスタートされましたが、高齢者福祉については以前から取り組んでいましたね。

（桑原）ＪＡ三次の管内市町村での高齢化率は、全国平均では17・2％、管内は28％を超えており、中には42％を超えている地域もあります。①高齢化と言うのは我々にとりまして、農業の担い手の高齢化です。農業生産基盤が非常に脆弱です。②高齢者の生活不安や寝たきりの高齢者を抱える家族にとって、長年地域で活躍された方の老後について少しでもお役に立つことが使命と考えて、２０００年４月の介護保険について頑張っていきたいと思っています。

（ＮＡ）地域の力強いきずなで育っているホームヘルプサービスです。みんなで支える介護保険は、平成12年４月にスタートします。

《エピソード》

この事業を担当するきっかけは、事前に平成９年度に県の主管課である高齢者福祉課より協力の話があり、国のモデル事業を受託するに際して、広島県が事業主体者となり、県内のＪＡに委託を検討していること。県内の36ＪＡの中で三次と庄原のＪＡに委託したい。ついては、保健福祉推進室長に三次と庄原のＪＡ組合長を訪問して、承諾を説得してほしいとの話でした。私は地方機関の職員であり、本庁の協力は指示として受け止め、早速三次と庄原ＪＡの組合長に面接して、事業の概要を説明し、協力をお願いしました。三次と庄原のＪＡ組合長は、私の協力依頼に対して１００％で同意して頂きました。その理由は、国のモデル事業であり、受託されるＪＡ三次と庄原に対して車両、パソコン等の備品、人件費等が支給されることで経済的にメリットがあること、また平成12年４月から施行される介護保険制度に際しては、利用者を確保出来るからです。

私は管内の市町村及び福祉施設等の関係団体に対して、説明して協力をお願いしました。広島県内では初めてのモデル事業であり、関係団体が100％協力して頂ければ事業の準備は進みますが、反対があると一時準備が停止します。庄原市長から反対の声が出て説得に行きました。その説得の過程で急性肺炎となり、1週間広島共立病院に入院したこともあります。最終的には県の高齢者福祉課長から直接に説得して頂き、市長から承諾を得ました。また、月に1回県本庁、三次福祉保健センター、JA広島中央会、JA三次、JA庄原の担当者が集まり、準備等を経て平成10年10月1日に開所式を迎えました。所長と私は開所式に招待を受けて参加しましたが、これまでの苦労を思い出して感慨無量の気持ちに至りました。

②介護保険の仕事を体験

私が所属しています保健福祉推進室が介護保険の施行事務を担当することになり、施行前の指定居宅サービス事業者、指定居宅介護支援事業者、介護保険施設の指定事務等と多忙を極めました。また、制度の普及・啓発について管内の市町村及び関係団体へ説明に歩きました。平成12年4月から施行後は、私が班長となり、職員と共に実地指導に出かけました。私としては基準省令を遵守してもらうべく違反があれば口頭及び文書で指示していました。サービス業者の中には「三次は他の福祉保健センターと比較して厳しい」との苦情を受けていましたが、何事も最初が肝心であり、基準省令を遵守することを徹底していました。

「広島県における介護保険制度施行前後の現状と課題について〜三次福祉保健センター・三次保健所管内を中心に〜」をまとめて、平成13年3月発行の『福祉研究89号』に投稿しました。また、平成25年3月31日付で自分史『福祉街道50年』を発行しましたが、この中に再度掲載しております。私は、介護保険制度の施行業務をする中で、資料も収集する機会があり、A4の用紙で38ページに何とかまとめることが出来ました。このように広島県の職員としてまとめたのは、私が最初で最後でしょう。自画自賛とはこのことです。

11　広島県芸北地域保健所時代

平成13年4月から平成15年3月までの2年間、保健課長として勤務しました。保健所とは地域住民の健康や衛生を支える公的機関の一つです。地域保健法に基づき都道府県、政令指定都市、中核市、特例市、その他指定された市（保健所設置市）、特別区が設置するものです。

保健所の業務は、大別すると対人保健と対物保健に分けられます。対人保健とは、一般に保健指導または保健サービスと呼ばれる分野で、母子保健や老人保健など一般的なものは市町村保健センターに任せ、保健所は災害医療や感染症、精神保健など、専門的・広域的な業務に特化している場合が多く、対物保健とは、一般に生活衛生と呼ばれ、食品衛生、獣医衛生、環境衛生及び医療・薬事衛生の4分野からなります。これらは営業許可や立ち入り検査、違反施設に対する営業停止など、所謂「権力行政」としての権限を多く持っています。私の担当する保健課は、対人保健の中でも保健対策係と健康増進係の二つの係を担当しており、私も含めて14人中3人が事務吏員、残り11人が技術吏員であり、その意味では技術職場です。私の場合は、社会福祉士の国家資格を取得しており、保健師・栄養士・歯科衛生士・レントゲン技師の職員とは、同じ国家資格を取得しているという意味での同等の意識を持っていました。職種がら女性の多い職場です。職員の皆様に支援を受けまして、2年間勤務することが出来ましたことを感謝しております。

12　広島県備北地域事務所厚生環境局時代

平成15年4月から17年3月の2年間勤務。最後の勤務地となりました。三次には今回で3度目の勤務です。厚生推進課長として福祉事務所と保健所の総務関係の仕事です。福祉関係では在宅の仕事、介護保険の指導、保健所では病院の検査、社会福祉協議会の指導、災害救助事務等です。

平成17年3月31日、県庁の講堂で退職辞令の交付式があり、参加しました。藤田雄山知事と新田篤実県議会議長から退職者に対する挨拶、退職辞令書を受けて職場に戻りました。閉庁時間の前に職場でお別れをしました。職員の皆様から「三次人形」を贈呈されまして感謝です。38年間勤務した広島県庁ともお別れです。一般的には退職者に対して、県の人事課から次の仕事を斡旋されます。大半は非常勤嘱託の仕事で、引き続き職場に勤務されますが、身分は主任級の仕事です。私の場合には退職1年前から学校法人古沢学園が、平成17年4月1日から昼間1年課程の社会福祉学科を開校するために、専任教員の紹介を広島県社会福祉士会に依頼していました。当時、私は理事の役員をしており、他の会員よりも早く情報を知る立場にありました。かねてから社会福祉士の養成には興味を持っており、私が率先して応募したものです。古澤理事長の面接を受けて即決内定です。このような理由で、次の就職先は内定しており、その後人事課からも3回、文書で照会がありましたが、丁重に断りました。

第四章　私の職歴　学校法人古沢学園時代

1 広島健康福祉技術専門学校時代

学生時代に自分の出身校で教育実習に行き、生徒に教えた経験はありますが、他に学校で教えた経験は全くありません。社会福祉士の科目について、どのように教えるべきか見習うことが必要です。幸いに社会福祉士養成施設で教えておられる2人の先生から教えを請うことが出来ました。広島県に勤務中に、名古屋に行く機会があり、事前に連絡して指導を受けました。

①平成16年12月12日、学校法人聖十字福祉専門学校社会福祉学科長・講師の伊藤秀樹先生を訪問しました。先生は学校では社会福祉援助技術論、公的扶助論、高齢者福祉論、社会保障論、ケアマネ論を担当されています。その他看護学校と鈴鹿国際大学短大部で非常勤講師、クレトン大学の客員教授も兼務されています。先生の基本的な考え方は、次のとおりです。

毎年4月18日から1月末までの間で、15冊の教科書を教える必要があり、1冊の教科書で20日間の計算となる。1回分が90分授業で、前期と後期に分けて29回×2＝58回、他に2回分の復習を含めて計60回分となる。模擬試験は別の日に実施している。

授業の展開は、ⅰ最初に学生の出席を確認する。ⅱ伝達事項を伝える。ⅲ教科書のポイントを説明する。重要な事項は学生に赤線を引かせる。ⅳ自分の体験を説明する。ⅴ練習問題を実施する。授業はゆっくり、分かりやすく説明することをモットーとする。４月から12月で授業は終了し、試験日までの１カ月間は受験対策に集中させる。４月から７月までは教科書中心の授業を展開し、９月から12月までは受験対策を中心とした授業を実施する。問題を授業中に学生が解く練習を実施すること。その際には、１回分の授業中に数問の予想問題を解答させる。最初は１問で２分、次は１分40秒、最後には１分で解答が出来るまでに訓練する。新たに予想問題を作成する時間のない場合、教科書・参考書・資料等の文章の一部をコピーして、学生に解答させる。

学生から質問が出された場合には、その場で回答・説明を原則とするが、その場で回答・説明が出来ない場合には、次回とする。学生の中には鋭い質問をする者もおり、講師も事前の準備が当然に必要だ。伊藤先生の場合には、公的扶助論を担当しているが、福祉事務所での現場経験がなく、四日市市福祉事務所の担当者に事前に電話で教えを得ることがある。授業の最中に学生の質問時間を確保すること。学生がどの項目が理解出来ないのか、講師の説明に問題があるのか等次回の授業の展開に参考となる。

教科書で重要な個所は、学生に順番で輪読させることもある。学生にとっては眠気覚ましにもなる。教科書の重要な個所を赤ボールペンでアンダーラインを引くこと。学生にとっては、どの個所が重要であるかどうか分からないために、講師が先に教えることで好評である。

社会福祉援助技術論、演習の事例問題での解答について、解答は幾つかあるが、この中で最も適切な解答はどれかを教えること。初年度については、最初から全て授業の事前準備をする時間がないために、2回先程度まで準備しておくとよい。

黒板の板書について、全ての講師が板書をしていない。板書をする講師は約3分の1程度で、残りの講師は事前にレジュメを用意されている。介護福祉学科の場合には、大半の学生が高卒であり、講師が黒板に板書すると、懸命にノートに書いているが、社会福祉学科の通信学生は、大半が大卒であり、全て板書する必要がない。しかしながら重要な項目については、板書することがある。

〈夜間学生の特徴〉

一般的には、ⅰ昼間、社会福祉分野で働いており、夜間の課程で受験資格を取得したいとの希望が多いと思慮される。ⅱ昼間、民間の職場で働き、資格を取得後に福祉分野に転職したいと希望する学生。ⅲ福祉系以外の新卒の学生で、資格を取得後福祉の分野で働きたいと希望する学生と大きく分かれる。ⅰに対しては、既に福祉分野での経験により、基本的な用語の知識等は有しているが、ⅱとⅲの学生に対しては、当然ながら知識不足が予想される。そのため社会福祉及び社会保障等の中で必要な単語を繰り返し説明する必要がある。演習等の科目で、福祉の現場で中堅的な役割を担っている職員に、現場での仕事の現状を報告してもらうこともある。

〈受験対策講座〉

例年10月より毎週水曜日の2コマを充てている。講師は基本的には担当する科目の講師であるが、場合によれば担当する科目以外の講師が引き受けることがある。重要事項の説明と、問題に慣れることがポイントである。現在80人定員の8割が受講中である。

〈模擬試験の実施〉

他の大学、専門学校で作成された模擬問題集を無断で使用すると、著作権違反となるが、多くの社会福祉士養成施設の学校では、無断で使用していることが暗黙の了解となっている。

〈効果測定〉

授業を開始後概ね2カ月後に、全教科の各講師の教授方法についての感想をアンケート方式で学生から求める。当然、実施する前に各担当する講師の同意を得、校長と理事長に了解を得ることが条件。回答結果については、各担当講師から学生に説明させる。講師側にとって改善する項目については、早急に改善する。そのことで学生との間で信頼関係を構築することになる。学生側の指摘に対して放置しておくと、学生が直接理事長へ直訴することがある。最初から全ての講師に対してのアンケート調査をすることが出来なければ、専任講師から始めて、次に非常勤講師へと拡大することも可能だ。アンケート用紙の中に自由記入欄を設けること。

卒業生からもアンケート調査を実施すると、学生からの率直な意見が出ることが確実だ。新設校においては、他の学校と比較して3倍の努力が必要だ。

〈社会福祉士養成施設協議会との関係〉

定期的に研修会が開催されているが、会員の参加は少ない。新人教員への研修が必要である。

②平成16年12月13日、日本福祉大学社会福祉総合研修センターの永田昌司事務室長に面接して教授を受ける。当センターは、日本福祉大学中央福祉専門学校社会福祉学科の夜間課程の学生200人、日本福祉大学の学生600人、一般からの申込者650人の計1450人に対して受験対策を実施している。本学の学生は25000円、一般の学生は35、000円と10、000円の差があるものの、民間等と比較して

安い費用だ。当センターの特徴は、13教科の講義と社会福祉士対策講座用テキスト2冊、『出題傾向と頻出問題要点チェック』『第16回社会福祉士国家試験問題・解答集』を配布している。『出題傾向と頻出問題要点チェック』の本は、平成16年11月から『社会福祉士国家試験重要問題完全チェック２００５』として、中央法規出版より2、３１０円で販売中。

模擬試験は、受験対策模擬試験と直前模擬試験の2回、学校独自で作成した模擬試験1回、東京アカデミー1回、社団法人日本社会福祉士会の統一模擬試験1回の計5回を実施している。当センターの場合、本学の学生と養成施設の学生等の受講生が多く、模擬試験は全て大学及び専門学校の教員が作成している。広島健康福祉技術専門学校の場合、定員が40人と少なく、教員が模擬問題を作成することはかなりの労力が必要であり、民間が作成した模擬問題を使用した方が効果的である。

当センターの通信の受験対策講座を申し込みすると、模擬試験2回、テキスト1冊配布、練習問題40問を実施する。模擬試験の結果については、40人全員が申し込みすると番号をつけて、結果のデータを偏差値で通知することも可能。毎年7月上旬に申し込みを受け付けている。教科書は中央法規出版を使用、但し、平成17年1月に第3次の改正出版の計画がされており、新しい教科書を使用することが望ましい。本学の場合には、中央法規出版の教科書、必携、ワークブックの3点セットが主流だが、学生にはあくまでも自主判断をさせており、強制はしていない。

〈学生の生活指導〉

毎年、2人から3人の学生が途中で退学している。その意味では学習指導、生活指導、健康指導等を日常的にすることが必要だ。

〈合格率〉

夜間課程の合格率は昨年度94％、通信課程は57％、大学は62％。

③平成17年2月18日、日本福祉大学中央福祉専門学校・長岩嘉文社会福祉学科長に面接して、教授を受ける。当校の授業料は他の専門学校と比較して安い。定員が80人で年間の授業料50万円で計算すれば計4、000万円の予算規模で、専任教員と非常勤講師を含めての人件費等を払うと経営はトントンだ。開設当初は他に社会福祉士養成施設が少なく、定員を超える応募者があり、選別せざるを得なかった。最近は養成施設の新設が増えて、他校に流れる傾向にある。その意味では名古屋市内では学生の奪い合いとなっている。当校も応募者が減少しているが定員は何とか維持している反面、学生の学力は低下している。理事会から定員を保つことの要請を受けているが、現場の責任者としては低学力の学生を入学させると国家試験の合格率に影響がある等

のジレンマが生じる。

〈教員の配置〉

常勤及び非常勤教員が年の中途で退職する場合、教務主任として補充の教員を探すために年間、走り回っている。例えば、公的扶助を担当する専任教員が年の中途で死亡された。急きょ、大学及び専門学校の卒業生の人脈を頼って、適任者を探す。その中で、名古屋市福祉事務所に勤務する卒業生を非常勤でお願いしたことがある。翌年には専任教員を配置した。

〈学生の状況〉

夜間学生の場合、昼間就労している学生が多く、仕事に疲れてまたは実習に疲れて授業中に居眠りをすることがある。卒業認定には10分の8の出席日数が必要であり、居眠りする学生を退席させることが出来ず、後ろの席に移動させている。

〈実習〉

年間で一定期間、実習の期間を事前に設定しておらず、実習施設と学生との間で個別に実習契約を交わしている。そのため学生が実習期間中にもかかわらず夜間の授業は実施している。昼間の実習の場合、実習と授業には支障がない。他の学校の場合は、学生が一斉に実習に行くために夜間の授業は休校にしている。

〈授業の展開方法〉

90分の授業展開としては、45分をテキストのポイント説明、残り45分を担当講師の得意な分野を話す。要約のレジュメを作成して説明する。レジュメの中から実際の問題に近い出題がされて学生から感謝された。毎回2問の練習問題を出す。学生に直接に教科書を読ませることはない。参考文献としては、必携よりも中央法規出版のワークブックの方が、過去問から作成されているのでまとまっている。どの参考文献を使用するかは、基本的には学生の判断に任せている。Kumikの本は、中部学院大学の教員が作成しており、本学では使用していない。学科長の担当科目は、社会福祉援助技術論のⅡ（ケースワーク、グループワーク、スーパーバイザー、ケアマネジメント）を担当している。当校の場合には、社会福祉援助技術論Ⅰを2人、Ⅱを2人の教員で担当している。

〈国家試験問題の傾向〉

基本的には中央法規出版の教科書から6～7割、他の教科書から4～3割の割合で出題しているものと推定される。以前と比較してこれらの本からの出題率は低下している。模擬問題は各教員がオリジナル問題を作成している。

〈演習の方法〉

80人の学生を4クラスに分ける。教科書は中央法規出版のテキストは使用しない。その理由は、質問と解答が記入されており、学習効果が期待出来ない。ⅰ最初は1人5分で自己紹介し、他の学生が質問する。1年間、同じクラスの中で仲間意識を育てる。このことが学習意欲を向上させる。ⅱ事例中心のロールプレイ、4人の講師が情報を交換しながら事例を提出する。ⅲ現場の施設で中堅的な指導員を招聘して講師として依頼することがある。ⅳ学生に課題を与えて、20～30分の間、グループ討論後発表、質問、説明をさせる。ⅴビデオを上映させて、グループ討論と発表をさせる。ⅵ最近の新聞での話題を説明させることも可能である。例えば生活保護法の老齢加算の削除、保護世帯の増加、介護保険制度の見直し問題、地域包括支援センターの動向等。

〈模擬試験の開始時期〉

毎年8月から12月までの期間、受験対策に集中する。4月の最初からは社会福祉学部以外の学生の場合、基本的な知識を習得しておらず、効果測定を実施しても効果は低い。当校の場合には80人中上位30人以内の成績者を張り出す。学生側から予備校と同じやり方であると不満の声が出るも、結果的には学生間で刺激的な役割を果たし、学習に集中する。

〈時間割の工夫〉

昼間の場合、1日に4コマの時間がとれるが、夜間の場合には2コマしか取れない。夜間の場合、1年間で1050時間を確保するためには、夏休みを短くするしか方法がない。当校の場合、学生に対して15コマ×2＝30コマの場合、最低13×2＝26コマは講義を実施することを約束している。

④平成17年2月17日午後19時から23時まで、聖十字福祉専門学校の伊藤秀樹先生から2回目の教授を受ける。演習の講義内容について社会福祉分野であれば、どの分野でも可能である。例えば児童、障害者、高齢者、生活困窮者、人権問題、DV等。

広島福祉専門学校の非常勤講師の方は、元広島市福祉事務所所長をされており、自分の体験から生活保護世帯の事例を中心にされていた。前の職場では、15人で一つのグループを採用していた。Aグループが発表すれば、Bグループから質問させていた。学生には事例中心の講義、ビデオ上映ばかりでは効果的ではない。元の職場で社会福祉士の合格率が高い秘訣としては、昼間の課程、夜間課程、通信課程で19人の社会福

書　名				
お買上 書　店	都道 府県	市区 郡	書店名	書店
			ご購入日	年　　月　　日

本書をどこでお知りになりましたか?

1.書店店頭　2.知人にすすめられて　3.インターネット(サイト名　　　　　　)

4.DMハガキ　5.広告、記事を見て(新聞、雑誌名　　　　　　)

上の質問に関連して、ご購入の決め手となったのは?

1.タイトル　2.著者　3.内容　4.カバーデザイン　5.帯

その他ご自由にお書きください。

(　　　　　　)

本書についてのご意見、ご感想をお聞かせください。

①内容について

②カバー、タイトル、帯について

弊社Webサイトからもご意見、ご感想をお寄せいただけます。

ご協力ありがとうございました。

※お寄せいただいたご意見、ご感想は新聞広告等で匿名にて使わせていただくことがあります。

※お客様の個人情報は、小社からの連絡のみに使用します。社外に提供することは一切ありません。

料金受取人払郵便

新宿局承認

2523

差出有効期間
2025年3月
31日まで

（切手不要）

郵便はがき

160-8791

141

東京都新宿区新宿1－10－1

（株）文芸社

愛読者カード係 行

ふりがな お名前		明治 大正 昭和 平成 年生 歳	
ふりがな ご住所	□□□-□□□□		性別 男・女
お電話 番 号	（書籍ご注文の際に必要です）	ご職業	
E-mail			
ご購読雑誌（複数可）		ご購読新聞 新聞	
最近読んでおもしろかった本や今後、とりあげてほしいテーマをお教えください。			
ご自分の研究成果や経験、お考え等を出版してみたいというお気持ちはありますか。 ある ない 内容・テーマ（ ）			
現在完成した作品をお持ちですか。 ある ない ジャンル・原稿量（ ）			

祉士が配置されており、大学院修了者は3人。昼間の学生の中には国立大の卒業者もおり、学生のレベルが高い。

当初昼間の社会福祉学科の開校を計画していたが、部屋の面積が若干不足して昼間では許可されず、夜間課程の社会福祉学科としてスタートした。

平成17年4月1日から夜間の社会福祉学科に勤務。午後2時から夜10時までです。知人には「夜の仕事に行っている」と説明すると、てっきり夜の商売＝風俗業と間違われます。実際の授業は夜6時30分から9時40分の2コマ、月曜日から金曜日まで5日制です。私が担当する科目は、相談援助技術論の総論、各論、実習指導、公的扶助論の4科目です。他の科目は安本真人教諭が社会福祉原論、老人福祉論、演習、女性の野津先生が障害福祉論、児童福祉概論、地域福祉論を担当。社会保障論、医学一般、介護概論は非常勤講師にお願いしました。平成17年度は2人の学生、平成18年度は4人の学生です。学生が広島駅に到着すると3人の教員が交代で迎えにいき、授業が終了すると送ります。

広島県に勤務していた当時は、当然ながら学生に教えた経験がありません。大学では中学校の社会科教諭の免許を取得したものの、私の出身校の矢野中学校で2週間余りの教育実習しか経験がありません。そこで、再就職する前に、中央福祉専門学校の副校長であった長岩嘉文先生と、三重県四日市市の聖十字福祉専門学校の専任教員の伊藤秀樹先生を訪ねて教えを請いました。当分は、学生に対して「新米教師で申し訳ない」と弁明していましたが、3年も経過すると弁明が出来ません。夜間の場合には2コマの授業しか確保出来ませんので、最低の時間数です。学生から受験対策を希望されても、時間割に入ることが出来ません。時には学生から担当教員への苦情等を文書で要求されることもありました。社会福祉学科長として対応しなければなりません。ここが辛いところです。

1年課程ですから、4月に入学しても翌年の1月末には受験です。社会福祉士の第十七回の国家試験では2人受験して1人の合格。何と50％の合格率です。第十八回は4人受験して4人が合格。何と100％の合格率でした。私の指導方法が良かったのか、或いは学生の勉強量が成果を得たのか。私自身は両方が要因であると自画自賛しています。

しかしながら、夜間課程も結局は学生が集まらなくなり、2年間で募集を中止しました。1年間の空白期間中に、通信教育による受験資格を付与する養成施設を準備し、厚生労働省中国四国厚生局長から平成19年12月に許可を受けました。

2　広島医療保健専門学校時代

平成20年4月からは、社会福祉学科の一般養成課程通信教育が認可されて、社会福祉学科長・専任教員としてレポートの添削、スクーリングでは公的扶助論、社会保障論、社会福祉援助技術論、実習指導、相談援助演習を担当していました。その他、精神保健福祉学科の昼間の学生の座学として、社会保障論30コマ、公的扶助論15コマ、保育介護福祉学科の昼間の学生の座学として、社会福祉援助技術論30コマ、理学療法学科・作業療法学科の４年制に社会福祉入門５コマを教えていました。

平成21年度以降も、社会福祉学科・精神保健福祉学科の学生へのレポート添削科目等が増加しました。

①広島医療保健専門学校通信教育部社会福祉学科の現状と課題

Ⅰ　通学から通信課程の養成施設に変更

平成17年4月、安芸郡府中町において広島健康福祉技術専門学校社会福祉学科夜間課程として発足したものの、開設時で２人、翌年４人の入学者に専任教員３人を規定により配置せざるを得なくなり、最終的には赤字経営となり廃止した。

新たに平成20年4月に広島医療保健専門学校に通信教育部社会福祉学科の開設を準備して、予定どおり開校した。

県内では既に広島福祉専門学校、専門学校西広島教育福祉学院、ヒューマンウェルフェア広島専門学校が通信課程を開校しており、その意味では4番目の開校だった。

1学年の定員　80人
修業年限　1年9カ月
募集地域　中国5県・四国4県
実習施設　広島県39カ所、島根県11カ所、山口県5カ所、他の県においても最低2カ所の実習施設を確保している。

Ⅱ　入学者の状況

広島医療保健専門学校社会福祉学科相談援助演習のスクーリング
（前列左から6番目が筆者）（平成26年8月）

平成20年4月32人（1人）、平成21年4月16人（6人）、平成22年4月36人（9人）、平成23年4月41人（12人）、平成24年4月50人（16人）、平成25年4月26人（11人）、平成26年4月22人（4人）、平成27年4月28人（7人）、平成28年4月21人（5人）であり、定員の4分の1しか確保していない。（　）は実習を必要とする学生数。

Ⅲ　社会福祉士の合格率　新卒

第23回試験	16／24	66・7％
第24回試験	18／29	62・1％
第25回試験	14／37	37・8％
第26回試験	21／41	51・2％
第27回試験	12／28	42・9％
第28回試験	10／18	55・6％

全国平均は27％前後であり、その意味では当校の卒業生は上回っているが、全国的にも80％台の合格率を誇っている専門学校もあり、さらに合格率を向上させる努力が求められている。

Ⅳ　実習指導

実習が必要な学生に対しては、基本的には学生の居住に近い実習先を紹介しているが、確保出来ない場合には、各県社会福祉士会を通じて実習先の紹介をお願いしたり、日本福祉大学同窓会の各県地域同窓会の紹介を受ける等確保している。夏のスクーリングでは、規定により27時間、14コマ（1コマ90分）を実施。基本的には初年度10コマ、次年度4コマ。テキストは中央法規出版の『相談援助実習』の他、当校作成の『実習の手引き』を使用する。

Ⅴ　実習での配慮

規定では180時間以上の実習を実施することとなっている。当初は1日8時間の実習で24日の実習を実施していた。8×24＝192時間となり、完全に180時間をオーバーする。学生の実習日を短縮することで職場を休む時間を短縮することが可能であり、途中で8×23日＝184時間に変更する。通信教育の学生は大半が昼間の仕事を続けており、実習時間の180時間を確保することが困難な学生がおり、学校としても特別に配慮する。その結果、これまでに実習が必要な学生は全員が実習を確保したものである。例えば、土曜日・日曜日・休日を除いて週に5日間の集中型が原則だが、週に1日から3日間の実習を受け入れてもらった。その秘訣は、実習先の実習指導者との人間関係が良好であり、誠意を尽くすことで学校側に無理なお願いを頼める関係を構築していたこと。その意味では私の力を誉めることが出来る。

Ⅵ　レポート添削での工夫

通信教育の基本は、指定された教科書を自宅で精読し、与えられたレポートの課題を締切日までに提出することである。当校では32本のレポート提出を義務付けていた。

最初はボールペンで添削していたが、枚数が多く指が疲れる。そのために事前に添削のポイントを印刷して、貼っていた。どのような評価をつけるかは添削する者の判断に任されている。

②相談援助演習での学生の皆様からの感想文

毎年のスクーリングで相談援助演習を実施しておりますが、2年生の相談援助演習の最後の1コマで「あるケースワーカーの人生観」と称して、私の人生観をお話しし、感想文を提出して頂いております。平成27年4月の入学生の中から本人の承諾を得ての感想文です。

○ソーシャルワーカーの理想ともいえる「生涯学習」を体現されており、福祉に係わる人間のモデルであると感銘を受けました。今なおそれは継続されており、何よりも説得力のある著者であると思います。私もこれを参考とし、より勉強を重ねていきたいと考えます。

大瀬戸博

○私が知っている「彼」は、広島にアメリカの現職の大統領が来るという歴史的な日に、広島市内を歩いていて職務質問を受けたというエピソードの持ち主であり、某中華料理チェーン店（京都発祥）では、餃子だけ食べるというスゴイ人である。話を聴いて感じたのは、「常に勉強をしている」ということ。「生活保護のケースワーカーになりたい」と思い続け、叶え、関心を持った事柄に関しては努力をし続ける。そんな彼の姿には尊敬しかない。

高校時代から福祉を学ぼうとは毛頭思わず、敢えて避けた結果、何故か精神保健福祉士になり、不思議なことに社会福祉士になろうと思っている己とは対照的である。

私は彼のような人生を歩むことは出来ないが、人生の中で彼に出会ったことを大切にし、これからも私なりのエピソードを作っていきたい。そう、思っている。

中濱恵梨加

○福祉に対する継続的な情熱を感じました。一つの位置にとどまらず、各種資格を取得し、絶えず新しい分野に取り組もうとする姿勢、また年を取られてからも通信教育などを利用して自分を高めようとする姿勢、各種学会において積極的に意見を発信し、また交流を深め互いを高めあう行動など、単に情熱と言うよりは、むしろ圧倒的な力を感じた。
現業にこだわらずそれを継続された姿勢を見習いたい。入職時よりそれを希望し、貫徹された意志の強さは働いたことのある者なら誰でも、とても難しいことであると感じるはずである。人間はいろいろぶれが生じるものであるが、それが見られない。

松元新八

○いくつになっても「恥ずかしい限り」と記しながら、学ぶ気持ち、「教えて頂く」気持ち、モチベーションが非常に高いことは非常に尊敬します。何十年も前のことでも、当時のことがありありと浮かんでくるのは先生のマメな記録による所が大きいと思います。何歳になっても意欲があれば何でも出来るのだな、「諦めない」ことはＪＷとしても大事なことだと感じました。

保田有加里

○一つの仕事を極めるということを生涯を通じて実践をされていると感じました。いくつもの試験に挑戦されている中で、もちろん失敗されたことを含め先生のお人柄や前向きな考え方に対してすばらしいと思います。年齢や忙しいからと沢山言い訳をされる人は沢山いますが、実践・実行をすることや夢を持って人生を切り拓いていくということは生徒としても人生の後輩としてもとても力強く感じます。
本日の講義を拝聴しまして「人生ずっと勉強、そして継続は力なり」という言葉を再認識することが出来ました。とても前向きに生きることで、苦難をはね返し、未来を自分の手で創造する力が今の私にも問われていることはないかと思いました。

堀暢貴

○資格をとることはスタートラインに立つことだと思いました。資格取得後、その専門職でやっていく限り常に勉強していかないと相談業務は難しいと思います。また、未来の自分を想像し、そこに向かい挑戦していく気持ちを持ってこれからも頑張っていきたいです。

河野高士

○【福祉】という言葉を私達が日常的に耳にするようになったのは、本当に近年になってからのように思いますので、畠山先生が若い時から元々ケースワーカーになりたかったそもそもの志の部分を詳しく知りたいと思います。昨今、福祉の人材は一般企業に就職出来なかったから、福祉でもやって、みたいに最後の就職場所のように考える方も多く感じられます。また、自分の環境にインパクトのある体験でもなければ、私自身もそうですが、福祉を選択し、人生をかけて取り組むなど到底考えられないのですから。このストーリーには七転八起でないけれど、主催しながら休会になったりの体験がありながら、継続は力なりを感じられる物語です。

先生の3大目標の本の出版、世界旅行、留学のうち少しでも力をお貸し出来るとしたら、本の購入でしょうか（笑）。ご連絡をお待ちしています。

匿名希望

○人生を通じて、ずっと学び続けられている姿勢に感動しました。公務員として仕事をする上でどうしても取得しないといけないならまだしも、社会福祉士・介護福祉士・介護支援専門員・精神保健福祉士といろんな資格を取られたことに頭が下がります。きっと勉強されたことはお仕事に幅広い知識が役に立たれたことと推察します。先生が最後に精神保健福祉士を取得されたのと同じ年齢の私ですが、頑張る勇気が出てきました。
私も息子の知的障害に引っぱられるように福祉の道を歩んでいますが、畠山先生のように福祉が私の生涯学習になるように思います。いいえ、生涯学習にしたいと改めて思いました。

匿名希望

○日々の業務がありながら奮起して、さまざまな資格の取得に頑張られたエネルギーには、本当に頭が下がります。多分40歳過ぎから資格取得に励まれたのかと思います。私自身40歳のはじめです。目の前にしております。今、丁度主任ケアマネの研修に参加することになり、数多い研修を目の前にしております。限られた人生、畠山先生のように生きるエネルギーを十分に生かし、生きた証を残していきたいと思います。私も、定年後も何らかの福祉の仕事に就きたいと思って、今現在、日々勉強中です。今後の活躍を楽しみにしています。お話聞けて良かったです。

匿名希望

○人間一生涯勉強することが大事だし、色々経験することが、人生を豊かにし、また物事をより多角的にみることが出来、支援の場で生かせる。辛いことがあっても悲観的にならずに過ごせることが分かりました。

匿名希望

○畠山先生は広島県の社会福祉の草分けでしょう。社会福祉の資格制度が誕生する前から、ご自分が社会福祉、特に生活保護ケースワーカーから出発されました。ただ、多分、社会人になる前の大学進学時点で既に社会福祉分野がご自分の方向性として示された人生だったのでしょう。私はこのことに興味を持ちます。この頃は、所得倍増政策に多くの国民が経済→企業に意識し、決して福祉を考える人は多くなかったはず、当時知り合った友人で東北福祉大学の学生がいました。彼に「何故、福祉」と聞いたことがありますが、納得のいく回答は得られなかったのです。何故、日本福祉大学を選択されたのかを聞きたかった。欲を言えば広島県職員時代のケースワーク事例を示していただきたかった。人生最後まで学ぼうとされる姿は、私にもわずかですが、似たところがありますので好感を持って聴かせていただきました。以上。

玉里英治

○自分自身の人生にテーマと目標を定め、達成のために積極的に活動し、日々、研鑽を積んでいる姿が素晴らしいと思いました。社会人になっても就職すると、もしくはそれ以上は望まない人が多いと思います。しかし、畠山先生は、仕事がある一方で就学し、介護やセミナーへ参加するなど、常に学ぶことに挑戦されていることに敬服しました。今後もご自身の経験や知識を、後進の育成に活かしていただきたいと願っています。

私自身も、今は座学での先生ですが、今後は同じ専門職の大先輩として、今後も支えていただきたいです。

野村紗絵

○人生に夢がある。やりたいことがある。学びたいことがある人は生き生きとしているし、自分の人生を楽しんでいると感じた。また、人と関わることが好きな人だとも感じる。人間何歳になっても、学ぶこと、挑戦することは出来るし、目標を持つことは大変有意義である。私もこれからやりたいことが沢山あります。福祉の仕事だけでなく、英語の勉強をして、岩国に住む外国の人と交流し、住みやすい町になってほしいです。

そのためにも何をしていったらいいか、分からないけど目標に向かって学んでいきたいです。このケースワーカーの方の人生観を聴いて、私も自分の人生を楽しんでいけるよう、頑張ろうと思いました。これからもお体ご自愛下さい。

迫田真知子

○私が介護福祉というものに携わって16年が経ちました。この16年の中でも何度もやめようかと考えましたが、今に至っています。福祉職というものに長く関わることが身体的にも精神的にもとても大変なことを今実感しています。

それと世の中の〝福祉観〟、〝介護観〟は時代とともに変わっていくものであり、専門職である以上、日々自己研鑽していかなければならないものであると感じている。

匿名希望

○福祉を通じていろいろな経験をされており、日々勉強をされていたのがうかがわれ、素晴らしい人生であると尊敬致します。一つのことをずっと続けるのはとても大変だったことだと思います。また、「福祉」に関してまだ整っていなかった時代からも、現代に至るまでの経過がとても興味深かったです。お身体に気をつけて中国留学へ行かれてください。どうも有難うございました。

匿名希望

○先生が今まで第一線で働けている理由として「夢」を持っている事が大きな活力になっているのかと感じました。自分自身、現在仕事はしているものの、夢があるかと聞かれればはっきり答えることが出来ません。「人生常に勉強」。先生の言葉から何度も聞かれたこの発言からも感じましたが、長い人生の中でも、喜びよりもむしろ苦しみが多いように答える中、「また中国に留学したい」と常に前向きに夢を語る姿に徹した人生を送ってきたものと感じます。
私は自身の人生を本にすることはありませんが、先生のように厚く濃い人生観を持ち、人々に伝えていけるような人生を送っていきたいと思います。

匿名希望

第五章　自治体から委嘱を受けた委員

1　広島市安佐北区地域包括支援センター運営協議会委員

平成17年の介護保険法の改正で、平成18年4月から全国の自治体に地域包括支援センターが発足しました。社会福祉士・主任介護支援専門員・保健師の3人の専門職が配置され、介護予防のプラン作成、成年後見制度の説明、高齢者の介護相談等を業務としています。運営協議会委員は、公正の立場で業務の執行を見守り、助言する機関です。年に2回広島市安佐北区地域福祉センターで開催されます。私は広島市安佐北区役所に勤務する社会福祉士の会員でもある小島治幸様から推薦を受け、6年間勤務しましたが、平成23年3月に解職の通知を受けました。

2　府中町障害程度区分認定審査会委員

平成18年6月、広島健康福祉技術専門学校に勤務中、府中町福祉保健部福祉課長の訪問を受けました。訪問された目的は、「平成18年4月から障害者自立支援法が施行されたことに伴い、府中町審査会を設置、障害程度区分認定審査会委員に就任をお願いしたい」との内容です。広島健康福祉技術専門学校が府中町内に設置されており、地元の役場にも何かとお世話になっている関係で、承諾しました。府中町では、第一合議体（視覚・聴覚・平衡・言語機能訓練）、第二合議体（肢体・心臓内臓・呼吸器系機能障害）、第三合議体（精神及び知的障害）と3合議体に分かれています。私は第三合議体に所属することになりました。全員が未経験であり、8月2日に広島県の主催する初任者研修を受講しました。

研修内容は、①障害程度区分の基本的な考え方、②認定調査の概要、③医師意見書の概要等です。平成18年度は年の中途であり、8月に4回、9月に2回の審査会が開催されましたが、以降2カ月に1回程度の回数で開催されました。平成19年度からは年に10回程度開催されています。

第六章　広島県社会福祉士会の結成に参加して

1　広島県社会福祉士会設立総会

平成4年12月5日、第二回広島県社会福祉士会設立準備委員会を4人で開催し、同年12月13日、全国で11番目となる任意団体の広島県社会福祉士会を設立しました。参加者は会員数31人中27人。設立総会において、①経過報告、②規約の承認、③事業予算を協議し承認され、その後役員選挙が行われ私が初代会長に選出されました。

会長挨拶

「先ほどの広島県社会福祉士会の設立総会において、会長に選出されました畠山と申します。職場は広島県可部福祉事務所に勤務しています。本日の広島県社会福祉士会設立総会には12月のご多忙な時期にもかかわらず、ご来賓のご臨席を賜り盛大に開催することが出来ましたこと、厚くお礼を申し上げます。わが国では、近年世界に類を見ない急速な人口の高齢化が進行、21世紀に向かって社会福祉サービスの充実発展が大きな課題となっています。

　このような現況の中で、平成元年高齢者保健福祉推進10カ年戦略ゴールドプランが策定され、平成2年には老人福祉法等8法改正が行われ、平成5年4月から老人ホーム等の措置権が県から町村へ移譲され、県・市町村においても老人保健福祉計画も策定されているところです。これらを担う社会福祉マンパワーの養成として、専門職としての『社会福祉士及び介護福祉士法』が昭和62年に法律化されました。この法律に基づき平成元年3月、第一回社会福祉士国家試験が実施され、本年度の第四回の合格者を含めますと全国で1、960人、広島県で45人となっています。

　私達、県内在住の社会福祉士は、行政機関、社会福祉施設、病院、社会福祉協

広島県社会福祉士会設立総会
（前列左から４番目が筆者）（平成４年12月13日）

議会等の職域で相談援助業務に携わっていますが、新しい専門職であるために社会的認知を得るまでには至っておりません。このため、全国的レベルでの社会福祉士の組織化が必要とされ、本年5月東京で『日本社会福祉士会設立準備委員会』が発足し、毎月委員会の開催及び全国都道府県代表者会議が定期的に開催されています。平成5年1月15日～16日の期間、東京都八王子市において『日本社会福祉士会設立総会、研究大会』が開催される計画です。

私どもは、今後の社会福祉専門職にふさわしい職業倫理の研究及び資質の向上等を図るとともに、本日ご臨席の広島県保健福祉関係団体の皆様のご指導、ご援助を賜り社会福祉の向上を図っていく所存でございます。何とぞ宜しくお願い申し上げます」

広島県社会福祉士会発足当時の役員です。

会長　畠山　護三　広島県可部福祉事務所　査察指導員
副会長　岡崎　仁史　広島県社会福祉協議会人材育成センター　課長
副会長　佐藤　秀信　福山六方学園　園長補佐
理事西部　笠原　貞子　広島県中央児童相談所　主任
理事東部　青山　みすず　草笛学園　指導員

理事北部　谷口　光治　　老人保健施設ピレネ　介護職員
理事会計　古谷　勝幸　　呉市生活環境部施設管理課　技師
監事　　　藤原　博　　　広島県立身体障害者リハビリセンター　指導員
監事　　　山中　英嗣　　特別養護老人ホームコスモス園

その後、記念式典では来賓を代表して、①広島県社会福祉協議会次長・村上義照様、②広島県医師会会長・福原照明様、③広島大学医学部長代理・公衆衛生学教室教授・吉永文隆様、④広島県看護協会副会長・栗栖ミツエ様から挨拶を受けました。最後に日本社会福祉士会設立準備委員会副委員長である明治学院大学教授・社会福祉士の秋山智久先生から「社会福祉マンパワーの確保と社会福祉制度の展望」と題して記念講演を受けました。夕方には同会場で記念パーティーを開催、二次会も秋山先生を囲んで盛り上がりました。

私自身、懇談会・設立準備委員会の世話人として合格者の皆様に呼びかけた手前、本日の設立総会での役員選挙で逃げることも出来ず、初代会長の就任を承諾しました。

設立当初は会員も少なく、予算規模も年間35万円強と脆弱であり、不安な出発でしたが、その後、毎年総会を開催する度に会員数も増加、組織体制も強化され事業規模も拡大したことは、役員・会員の皆様のご尽力と関係する団体のご協力によるものであり、深く感謝しています。平成11年5月の総会で会長を岡崎副会長にバトンタッチし、理事として継続していましたが、平成17年3月末で理事も降格し、一般会員として活動に参加しています。

2　日本社会福祉士会の成り立ち、組織化に支援

平成元年3月に第一回の合格者180人が誕生。同年12月16日に第一回社会福祉士全国集会が東京の全社協・灘尾ホールで開催されましたが、参加者が20人と少なく、当時全国的な組織で唯一専門職団体であった「日本ソーシャルワーカー協会」の組織傘下に入り、「社会福祉士部会」として部会員60人で発足しました。しかしながら当会の部会としての活動に制約を受けて、平成3年11月30日の第三回社会福祉士全国研究集会において社会福祉士だけの専門職団体の創設に取り組むことを決定しました。

平成4年4月25日、日本ソーシャルワーカー協会総会で、社会福祉士組織の独立が容認されました。翌日の4月26日に「社会福祉士懇談会」を開催し、日本社会福祉士会（仮称）の結成を確認し、準備委員を選出しました。5月24日には、日本社会福祉士会設立準備委員会（西沢秀夫委員長）が発足しました。11月14日には、東京の神田

橋セントラルプラザでの日本社会福祉士会設立準備会に全国29都道府県の代表及び準備会の代表の計37人が参加、広島からは私と岡崎仁史氏の2人が参加。私は各県1人の選出基準で全国代議員に内定、岡崎氏は中国ブロックから1人の選出基準で全国理事に内定しました。

平成5年1月15日と16日、東京都八王子市の私立大学セミナーで任意団体としての日本社会福祉士会設立総会・研究会が開催され、全国から会員555人中304人が参加し、初代会長に大阪・自彊館長吉村靭生（ゆきお）先生が選出されました。広島県から8人が参加、募金も493万円集まりました。15日には設立総会と記念式典後、仲村優一・淑徳大学教授の記念講演「日本社会福祉士会の意義と役割」に続いて懇親会。16日には4分科会での研究発表が行われました。

参加者は全員が宿泊が原則であり、天候は2日間とも小雨と雪が降る寒い日でしたが、建物内は全国から参加した熱気あふれる会員に囲まれて、設立宣言が明治学院大学の秋山先生から発表されました。その時の感激は今でも鮮明に覚えています。懇談会の最中に北海道の釧路沖で地震が発生し、東京でも余震が感じられました。

平成6年6月11日と12日の2日間、東京で理事会・代議員会が開催され参加し、「法人化準備」を議決しました。同年7月1日には法人化対策特別委員会を設置、具体的な準備作業が開始されました。平成7年1月20日の長野大会には、1月17日の阪神・淡路大震災直後で交通機関が遮断されている困難な時期に、広島から参加しました。第三回総会で法人設立を議決しました。平成8年4月1日、厚生大臣から社団法人日本社会福祉士会としての設立許可書を受けました。任意団体として、全国組織を創設後、わずか3年3カ月という異例の早さで許可されました。その主な理由として、平成7年1月17日に発生した阪神・淡路大震災に対して各都道府県社会福祉士会の会員による救援活動を宝塚市等で展開したことが、厚生省において高く評価されたためでした。私も初めてのボランティアとして参加、静岡県の渡辺芳男氏と2人で被災地のニーズ調査をしました。

平成8年5月10日、社団法人日本社会福祉士会設立記念祝賀会が東京の弘済会館で開催され、理事・監事及び評議員等と菅直人厚生大臣、斎藤十朗参議院議長、今井厚生委員会委員長をはじめ、厚生省関係者・各種団体等からも参加して計200人を超えました。開会の司会は西澤副会長で、開会挨拶は橋本会長、閉会の挨拶はシンボルマークの作者である秋山副会長です。私は広島県社会福祉士会の会長として参加する機会を得て、厚生大臣と一緒の記念写真が思い出になりましたが、これまでの設立に係る苦労も消えて、新たな組織拡大を決意しました。

3　会員入会のための取り組みと苦労話

広島県社会福祉士会発足と同時に組織強化委員会を立ち上げ、会長自らが組織強化委員会委員長に就任しました。委員会を定期的に開催し、合格者への呼びかけを誰が行なうかを決定します。その結果を次回の委員会で報告し、対応を協議します。合格者の氏名は中国新聞で報道されますが、合格者は広島市の場合は各区まで、他の市町村の場合は、市町村のみです。不明な方は電話帳で探し、会員に呼びかけて職場での合格者を教えてもらいます。

その結果、合格者リストを作成して合格者に入会の案内文書を発送します。入会申し込みが遅れている場合には、個別に自宅または職場に電話作戦を実施。出張の途中に職場まで訪問してオルグ活動を展開したこともあります。合格者ごとに進行状況を作成して、個別に対応です。入会に同意された方には、私が本部への入会手続きを代行していました。組織強化委員会の活動により、目標92％の達成を平成7年度に成し遂げ、長野県に次いで全国で2番目となり、全国的にも「組織の広島」と評価されたこともあります。しかしながら、平成7年度以降は、全国と同様に広島県も低下の方向にあります。ちなみに第四回から十一回までの入会率は、下記のとおりです。

平成4年12月	31人	設立総会での入会者
平成5年5月	35人	78％
平成6年4月	51人	80％
平成7年4月	81人	92％　全国第二位
平成8年4月	121人	86％
平成9年4月	166人	75％
平成10年4月	246人	68％
平成11年4月	309人	62％

4　福祉新聞社の合格体験記第一号

平成2年度に入って、福祉新聞社発行の新聞に、社会福祉士合格体験記の原稿募集が掲載されており、私は既に体験記を作成していましたので、直ちに応募しました。その結果、第一号として掲載されました。後日、福祉新聞社から、図書券が送付されました。

テーマ「卒業して1年のブランクを克服」

第一回の社会福祉士国家試験に失敗した反省から、第二回の試験に対して努力したことの秘訣は、次のとおりです。テキストは中央法規出版の『社会福祉士養成講座』全1巻に絞ったことです。朝夕の通勤電車を活用して、繰り返し読み、暗記よりも内容の理解に重点を置きました。また、自己流のサブノートを作成して常時カバンの中に入れて活用していました。最新の社会福祉に関する統計的な数字は、財団法人厚生統計協会編の『国民の福祉の動向』を購入して、覚えました。

この本は、月刊誌『厚生の指標』の臨時増刊として発行され、福祉に関する速報解説版として非常に役に立ちます。予想問題の練習には、誠信書房の『社会福祉士国家試験予想問題集』を活用。他に、県社会福祉協議会の友人から全社協の通信教育教材を借りて対応していましたが、練習問題が難しく知識不足を痛感させられました。試験は第一回と同様に1科目を4時間、170問の解答をすばやく読み終え、回答方式に注意をし、答えをチェック、最後に完全に塗りつぶしました。

学校を卒業してはや1年目、この期間一貫して福祉の現場で働いており、その意味では仕事に関係する科目は理解出来るものの、他の科目は全く自信がなく解答するのに悪戦苦闘でした。それだけに第二回も不合格と諦めていましたが、中国新聞の「社会福祉士合格者名簿」の９人の中に私の名前が載っており、まさに大奇跡が実現しました。

現在自分の名刺に「社会福祉士登録番号３２９号」と書き込んで、ＰＲ活動に努めています。今後社会福祉士として、自分自身の自主的な研修及び研究活動を盛んにして資質の向上と、社会的地位の確立に努力する決意です。

（広島県可部福祉事務所査察指導員）

5　社会福祉士国家試験合格体験記のこと

平成15年10月に『日本福祉大学50年誌』が学校法人日本福祉大学から発行されましたが、76ページに私の投稿原稿が掲載されていますので転記します。

昭和62年5月、「社会福祉士及び介護福祉士法」が国会で可決され、法律第30号として公布されました。社会福祉士とは、「身体、精神、環境上等の理由により、日常生活を営むのに支障がある者の福祉に関する相談に応じ、助言や指導、その他の援助を行う」専門家です。

わたくしは、法が施行された時、広島県中央児童相談所で児童福祉司の職に就いており、受験資格要件の11号に該当していたので受験しました。平成元年3月の第一回の試験では失敗したものの、翌年の第二回の試験で合格出来ました。広島県の職員では笠原貞子様と共に第一号でした。

同窓会広島県支部では、昭和63年度から広島県出身の学生を中心に就職相談会を開催しております。学生からの就職相談を受ける際に、福祉・医療の現場で就職を希望する学生に対しては、社会福祉士の資格を取得することが就職をする際に非常に有利であることを話し、私自身の「社会福祉士合格体験記」を配布して、合格のためのノウハウを指導しています。

本学では、社会福祉士の国家試験が始まった時から、社会福祉士受験対策講座や模擬試験が実施されています。熱心な指導と適切な教材、受験生の努力によって、合格率は毎年60％を超えており、全国の福祉系大学の中で合格者数でトップの座を占めていることは全国に誇るべき成果です。卒業生として今後とも全国でトップの合格者数が維持されることを期待しています。

6　広島県社会福祉士会の設立について

『社会福祉法人広島県社会福祉協議会50周年誌』にも、広島県社会福祉士会の設立について私が寄稿した原稿が次のとおり掲載されています。

1　広島県社会福祉士会の設立

昭和62年5月に社会福祉業界・学会が念願していた「社会福祉士及び介護福祉士法」が制定され、国家資格の社会福祉士が誕生した。社会福祉士の職務、社会福祉援助活動は、同法において「専門的知識及び技能をもって、身体上若しくは精神上の障害があること又は環境上の理由により日常生活を営むのに支障がある者の福祉に関する相談に応じ、助言、指導その他の援助を行う」と規定され、個人の自立生活確保のための相談援助、並びに個人が支援を得て生活する制度施策や地域社会の維持・改善を包括的に行っている。

平成元年3月に第一回の国家試験が実施され、法第7条11号に該当する公務員と同条1号、4号、7号に該当する福祉系大学等の卒業者が受験し、広島県では3人の社会福祉士が誕生し、平成2年度は広島県で9人の社会福祉士が誕生した。

合格者はお互いを知るために同年11月25日第一回の懇談会を開催した。平成3年度の第三回試験から法第7条・3号、6号、9号、10号に該当する民間現職が初めて社会福祉士一般養成施設を卒業することにより、受験が出来て12人合格した。人数も増えて、正式な会の結成についての気運が盛り上がり、準備会を経て、平成4年12月13日広島県社会福祉士会が全国で11番目に、31人をもって発足した。設立総会には、当時の広島県社会福祉協議会次長村上義照様、広島県医師会長福原照明様、広島大学医学部公衆衛生学教授吉永文隆様、広島県看護協会副会長栗栖ミツエ様の4人から祝辞の挨拶を受けた。その後、広島県社会福祉課長様の祝電を戴き、少人数の総会であったが、内容的には豪華なものであった。

全国的には、平成元年12月に第一回社会福祉士全国集会が東京で開催され、畠山護三さんが出席した。しかしながら、全国的にも会員が少ない状況で、平成2年4月に資格の有無に関係のない全国的な専門職団体であった日本ソーシャルワーカー協会の「社会福祉士部会」として組織化した。その後の活動の中で、平成3年11月の横浜集会で社会福祉士だけの専門職団体の組織化を決定した。当日はみぞれの降る寒い日であったが、全国から約300人の参加者（本県から5人）と、資格制度化推進関係者であった仲村優一、京極純一、栃木一三郎の各先生の出席を得て、熱気の溢れる設立総会であった。

その後の10年は、介護保険、ケアマネジメント、成年後見、精神保健福祉士資格問題などの当面する課題、根本問題である生涯研修制度に向けて駆け抜け、平成8年4月には、任意団体を解散し、社団法人日本社会福祉士会となった。平成14年4月現在、社団法人日本社会福祉士会は、約1万4千人、組織化率約40％であるが、社会福祉の全ての分野において、社会福祉の援助を必要とする人々の生活と権利の擁護及び社会の形成発展に努めている。

この間、本会からは日本社会福祉士会に対して次のように人材を送っている。岡崎仁史さん↓理事（平成5年～6年、平成8年～14年）、常任理事（平成10年～14年）、副会長（平成12年～14年）、ケアマネジメント委員会、国際委員会。畠山護三さん↓支部活動強化委員会（平成12年～現在に至る）。松井裕子さん↓倫理委員会（平成10年～12年）。谷口光治さん↓常任理事（平成14年～現在に至る）。平岡辰士さん↓ケアマネジメント委員会障害者班（平成12年～現在に至る）。高原伸幸さん↓ケアマネジメント委員会障害者班（平成13年～現在に至る）。

2　事業内容

（一）　組織状況

平成14年7月末の会員数は531人、組織率42％で、全国的には第七位の大規模支部であって、その中での組織率は第一位である。役員会は、会長1人、副会長3人、理事12人、監事2人の計18人で構成し、委員会については、総務、組織強化、広報、生涯研修、調査・研究、国家試験対策、相談事業企画、ケアマネジメント、選挙管理の9委員会、成年後見センターぱあとなあひろしま運営委員会、法人化準備委員会を持っている。

（二）　主要な事業

○平成14年度の重点事業

①広島県社会福祉士会の社団法人化、②組織強化活動の充実、③成年後見センターぱあとなあひろしまの活動の充実・強化、④成年後見制度、ケアマネジメント技術、倫理綱領等の資質向上を図る。また、研修等の機会には、障害者ケアマネジメント、児童虐待、DV、ホームレス問題等の最新の福祉関連動向を取り入れる、⑤社会福祉実践発表や紀要発行など調査・研究活動を充実させる。

○第九回日本社会福祉士会全国大会・学会の実施

実行委員会41人を組織化し広島県社会福祉協議会の全面的協力を得て、平成13年6月1日（金）・2日（土）、広島国際会議場・県立女子大学において、「21世紀の社会福祉実践を展望する」と題して、約千人の参加者をもって実施した。

3　広島県社会福祉協議会との連携

（一）　事務局設置

事務局問題は、ただ独立すればよいという問題ではなく、多面的検討を要する非常に重要な問題である。広島県社協は、行政と民間社会福祉との関係の結節点であり、社会福祉士と社会福祉士が雇用されている保健・医療・福祉の事業所との結節点という性格をもち、県社協との良好な関係を重視してきた。そのため、県社協・県社会福祉会館を活動の場として使用し、また、事務局は当初会長宅に設置し、昼間の連絡先を県社協会員としたが、会員の増加により、平成11年度より県社協に事務委託し、平成12年7月より県社協の地域福祉権利擁護事業と社会福祉士会の成年後見事業との連動を考えて、事務局員を置いた。

（二）　県社協との協働

○　県民の権利擁護のための地域福祉権利擁護事業と成年後見事業との連動

一般県民及び特に判断能力の低下した人に対して、これら2つの権利擁護事業の広報啓発、相談を行い、また、地域福祉権利擁護事業の基幹社協に対して社会福祉士の人材を提供し、また、日常生活の範囲を超える事例については、地域福祉権利擁護事業と社会福祉士会の成年後見事業との連動した地域福祉実践を試行している。

○　人材資源の提供
県社協評議会、福祉サービス利用援助事業契約締結審査会、福祉サービス運営適正化委員会、県社協予算対策委員会、福祉の職場説明会への人的資源の提供を行っている。
歴代会長　畠山護三　平成４年12月３日～11年３月31日
　　　　　岡崎仁史　平成11年４月１日～

7　広島県社会福祉士会　役職員経験者による意見交換会

日時　平成25年２月17日（日）17時00分～20時00分
会場　ホテルセンチュリー21広島

社団法人広島県社会福祉士会会長・中島康晴様から案内を受けて参加しました。事前に近況報告の提出を求められ、次のとおり原稿をお送りしました。

平成17年３月31日、38年間勤務した広島県を定年で退職しました。広島県に在職中に社会福祉士の国家試験には、平成2年の第二回目に合格、それの縁があって平成4年12月に広島県社会福祉士会を全国11番目に組織し、初代会長に選出されました。会長の任期も平成11年の総会で降り、岡崎会長に引き継ぎました。その後理事として会の活動を続けていましたが、広島県を退職と同時に任期切れとなり、会員として時折研修会に参加したり、総会にも時に参加する等、会の活動に協力していなくて申し訳ありません。海外旅行は平成8年よりスタート、毎年中国を中心に旅行しています。平成24年は3月上海、9月台湾、10月韓国、12月タイに行きました。仕事は学校法人古沢学園に就職。当初の広島健康福祉技術専門学校から広島医療保健専門学校に転勤して、通信教育で社会福祉士を養成しています。第二十四回社会福祉士の国家試験合格は新卒62・1%、既卒0%、総数で41・9%でした。古澤理事長から合格率向上を指示されています。

現役員と役員経験者による初めての懇親会で、初代会長の私としては記念に残る会でした。後日、中島康晴会長様に次のとおり、お礼の手紙を投函しました。

「先日は、広島県社会福祉士会役職員経験者との意見交換会並びに懇親会のご案内を頂き、2月17日会場のホテルセンチュリー21広島に行きました。私は広島県社会福祉士会の初代会長として、役職員経験者を代表して現職の中島会長様、経験者集まろう企画プロジェクトの世話人代表坂田久典様、副代表の高原淳尚様をはじめ役員の皆様に厚くお礼を申し上げます。思い出せば既に20年以上が経過しましたが、広島県では社会福祉士は、平成元年の第一回合格者3人、第二回合格者9人が誕生しました。私は第二回の合格者であり、平成2年11月に私が呼びかけて懇談会を開催したのが始まりです。平成3年度の懇談会を終え、平成4年度の懇談会を計画する中で、会の組織化を

広島県社会福祉士会　役職員経験者による意見交換会
（前列左から５番目が筆者）（平成25年２月17日）

推進する必要を痛感しました。世話人として私以外に当時広島県社会福祉協議会の岡崎様と２人で、広島県内の第三回合格者、第四回合格者にも呼び掛けて準備会を経て、平成４年12月13日に全国では11番目に任意団体の広島県社会福祉士会を結成しました。

結成当時の会員数は31人であり、財政基盤も脆弱で会の運営、全国大会の参加などかなり役員・会員の自己負担により維持されていました。岡崎会長のご尽力で平成17年４月１日、広島県から社団法人の認可を受けました。それ以降も会員数が増え、現在は約９００人を超える等、各支部活動、各委員会活動も活発に展開され、広島県からの委託事業を積極的に受託されることで、予算規模も４４００万円以上の大きな規模となり、私からすれば信じられない程に発展しています。社団法人広島県社会福祉士会は、平成25年度には公益社団法人化への移行が予定される等、広島県内においては、社会福祉職の専門団体として社会的な認知度が急速に進んでいます。

その基盤を構築されましたのは、二代目の岡崎仁史会長、三代目の田中洋子会長、四代目の小山峰志会長、五代目の現職中島康晴会長様をはじめ役員の皆様、事務局の皆様、会員の皆様のご尽力によるものであり、深く感謝しております。本日の会では３時間余りでしたが、楽しく過ごすことが出来ました。今後年に１

回程度の意見交換会・懇親会の計画をお願いするものです。私ども役員経験者は、これまでの貴重な経験を生かして社団法人広島県社会福祉士会の発展の為に、微力を尽くしたいと思っています。何時でもご連絡をお待ちしています。

平成25年2月19日

社団法人　広島県社会福祉士会
会長　中島　康晴様

広島県社会福祉士会
初代会長　畠山　護三」

第七章　恩師　田代国次郎先生との交流

田代国次郎先生が、東北福祉大学から広島県立広島女子大学に赴任されて以来、個人的な指導を受ける機会があり、また、先生は自宅に研究所である社会福祉研究センターを立ち上げ、毎年、研究誌を贈呈して頂いており、感謝です。平成17年10月には、先生の古希記念論文集である『野に咲く花のように』の贈呈を受けました。早速次のようなお礼の手紙を投函しました。

拝啓　11月も中旬になりまして、朝夕がめっきり涼しくなりました。先日、先生から古希記念論文集『野に咲く花のように』を贈って頂きまして、誠に有難うございました。先生の教えを受けられた皆様が編集され、立派な本を出版されました。早速拝読させて頂きました。「地べたを這いずる研究労働者～古希・出会いと別れのドラマ」のサブテーマのとおり、先生の70歳に至る自分史が克明に描かれており、先生の偉大な功績を改めて知る機会を得ました。東京の大学院を修了されて、仙台、広島、福島、倉敷と大学を代わられ、前から住みたいと思っておられた倉敷に居住を構えておられます。私も倉敷には何回も観光で行きました。古い町並みが残り美術館も有名で、女性に人気のある街です。

広島では、私ども夫婦に対しまして御指導して頂きましたこと、生涯忘れることはありません。本の中に私ども夫婦の名前を書いて頂きまして、本当に恐縮しております。広島では有志で「広島県・ケースワーカー協会」を立ち上げましたが、数年で消滅。自主的な研究会を継続することの困難さを痛感しました。私の場合は、昭和42年4月の採用ですが、当時の広島県社会福祉協議会の宮本秀夫様の誘いで、「広島社会福祉研究会」に入会させて頂きました。宮本様は日社大の卒業ですが、生まれた場所は私が住んでいる旧高陽町であり、懇意に指導して頂きましたが、平成4年11月、不慮の事故で亡くなられまして誠に残念です。

広島では先生に勧められて、もみじ作業所の運営委員として参加しましたが、縁があって、その後長男が経理事務員として勤めています。当時、土地探しには本当に苦労しました。紹介を受けて井上一成所長等の皆様と現地に行きましたが、山の中です。造成の費用から排水工事等が膨大であり、とても購入することが出来ません。最終的には行政に陳情して3施設がまとまるとの条件で、広島市の土地の無償提供を受けました。現在の浜崎理事長とは同じ高陽町でもあり、久しく交流を続けています。

38年間勤務した広島県を平成17年3月31日付けで退職しました。当日の午前中には県庁講堂で藤田知事から退職辞令を受け取り、その後、広島県社会福祉士会の社団法人の認可書を総室長から岡崎仁史会長と共に受け取りました。広島県社会福祉士会の初代会長であり、社団法人設立準備委員会委員長であった私の仕事も終了です。

平成17年4月から社会福祉士を養成する専門学校で「新米教師」をしておりま す。これまで教えた経験がありませんので、毎日が悪戦苦闘です。また、先生から添削指導を受けまして、母校の大学院に応募する際の研究計画書を提出、無事入学の許可を得まして、ここに還暦を過ぎた院生が誕生しました。院生の中では私が最高年齢者です。スクーリングでは若い院生と共に勉強しております。全員が仕事をしながら勉強をされており、私にとりましても適度の刺激を受けています。修士論文の指導教官は平野隆之教授です。私にとりましても「二足のわらじ」生活で、正直なところ知的にも身体的にも大変で苦労をしておりますが、反面楽しみがあります。現在はレポート提出に追われていますが、来年の4月には2年生に進級することが出来れば、修士論文の執筆が待っています。調査を含めまして何分、経験がありません。調査及び執筆に困った事態が発生しましたら、また、ご指導を受けたくお願いするものです。

中国にも関心があり、機会があれば中国の社会福祉について勉強をしたいと思っています。今年の8月と10月に、夫婦で大連と青島に行きました。中国遼寧師範大学管理学院の呉先生との交流があり、何年か後には中国に1年余り滞在して、中国語を勉強したいと思っています。過去、団地の中の高陽公民館で主催されていました「中国語入門講座」を1年受けましたが、日常的に使用していませんのですぐ忘れてしまいます。

先生が古希を迎えられたお祝いとして、大変遅くなりましたが、私の妹が手作りで作りましたブローチを同封しましたので御笑納ください。これまで、恩師、先輩、知人、友人等にプレゼントしておりますが、大変喜ばれています。妹の作品が上手なこと、兄として自画自賛しているところです。機会がありましたら、夫婦で先生が創設された社会福祉研究センターを訪問したいと思っています。吉田博行様（立正大学大学院研究生）の訪問記で地理が判明しました。その際には事前に御連絡させて頂きます。いつも先生から本の贈呈を受け、感謝しております。お元気で御活躍を祈っています。

敬具

平成17年11月11日

広島　畠山護三

田代国次郎先生

【追記】

平成27年度の年賀はがきを作成する前に、田代先生の奥様から喪中のはがきを受け取りました。平成26年1月29日に傘寿を前にご逝去されたとの内容です。私は大学が違うために、直接教えを受けたことはありませんが、先生が広島女子大学に赴任された際には、研究室に行き個人指導を受ける機会を得ました。先生は、無認可のもみじ作業所の運営委員会の委員長であり、先生から誘われて委員に就任。平成16年の秋、日本福祉大学大学院に応募した際には、研究計画書の作成で添削指導を受けました。また、修士論文の作成時には、直接、自宅兼社会福祉研究センターを訪問して、個人指導を受けました。何時も先生が自費で出版されていました雑誌『草の根福祉』（社会福祉研究センターの機関誌）、本等の贈呈を受けまして、ありがとうございました。先生にお世話になり、感謝申し上げ、ご冥福をお祈りします。

第八章　真亀自治会長としての奮戦記

私が住む高陽ニュータウンA１住区は、広島県住宅公社が造成し建売住宅を募集した住宅地です。昭和50年度はB住区が完成、申し込みしたものの50倍の競争率で当たりませんでした。翌年の昭和51年度にA１住区の申し込み競争率25倍に応募し、補欠の5番目でした。諦めていましたら補欠の４番までの方が辞退され、運よく繰り上げ当選となり昭和51年8月末に入居出来ました。翌年に入居者１０８戸で自治会を組織し、名称も「真亀自治会」と称しました。毎年、各班ごとに班長と副班長を順番に選出し、その中から会長、副会長、会計、書記、体育部長と副部長、環境衛生部長と副部長、会計監査等の役員を1年間ごとの更新で決めています。これまで環境衛生部長に選出されたことはありますが、平成13年度に自治会長に選出され、その縁で平成22年度も自治会長に選出されました。年に3回、「真亀自治会だより」を発行していますが、会報の一部を抜粋します。

○第二十回真亀学区とんどまつり

1年間の無病息災を願う第二十回真亀学区とんどまつりが、平成23年1月9日（日）真亀小学校のグラウンドで開催されました。朝8時に各自治会・各種団体から1人の実行委員が集合。最初にグラウンドの真ん中に円を描き車で砂を運びます。その後、前日に切り出した竹、笹、板切れ等を車で運んだり、各自が手に持って集めます。大きな竹から順番に組み立て、その中に板切れ等燃えやすい燃料を入れます。短時間で中心となる柱に燃料が山と積み上げられました。その高さは10メートルもあるでしょうか。

　最後に自治会員の皆様に事前に配布しましたご案内に記した注連飾り、書き初め、その他正月用品などが飾られます。それと並行して女性会の皆様による餅つきとぜんざいが用意されています。９時15分に一応の用意が終了した後は、一般の参加者を待つのみです。30分前になると三々五々子供連れの参加者が増えました。毎年慣例の水野神主による①互礼、②修祓（しゅうばつ）、③降神（こうしん）の儀（ぎ）、④献饌（けんせん）、⑤祝詞奏上及び宇宙浄化の祈り、⑥玉串奉納です。

　水野神主による祝詞奏上に続いて、勝武征男真亀学区連合会長の挨拶と玉串の奉納、来賓の東県会議員、真亀小学校の教頭先生による挨拶と玉串の奉納が続き、以下各自治会長・各種団体長による玉串の奉納が続きます。その後⑦撤饌（てっせん）、⑧昇神（しょうしん）の儀（ぎ）、⑨互礼で10時10分には終了です。

　司会の竹原敏章様の挨拶「役員の方は点火の用意をしてください」「とんどに近づかないこと、万が一服に燃え移っても自治会としては弁償しません」との注意事項を受けて点火。一瞬のうちに今年の運勢を祝うかのように大きく燃え上がり、参加者一同による大きな歓声が上がりました。この一瞬の見所は参加された皆様だけの特権です。カメラで何枚も写真撮影されていました。もちろん、私もその1人です。

参加された皆様には、ぜんざい・みかん・お酒が振る舞われ、新年の挨拶等お互いの交流が始まりました。その後、柱が燃え崩れると用意した青竹の棒に餅をくくりつけて、恐る恐るとんどの残り火で焼きます。とにかく残り火の熱風が強く、少し近づいても熱くてたまりません。きれいに焼けた餅、焼け過ぎた餅等さまざまでした。中には青竹の筒にお酒を入れて温めて飲んでおられた方もありました。

私自身も初めて実行委員の1人として参加しましたが、このように実行委員の皆様の協力で、毎年とんどまつりが地元真亀小学校のグラウンドで開催されており、心から感謝しております。12時55分「地域がますます活性化になりますように」と願って帰宅しました。来年度も多くの参加者をお待ちしております。

真亀自治会長　畠山　護三

○自治会長退任にあたっての挨拶（平成23年3月20日）

平成22年3月総会で第三十四代自治会長を引き受けましたが、平成13年度に自治会長を受けてから2度目です。個人的なことで恐縮ですが、仕事以外にも通信制の大学に籍があり、スクーリング等で名古屋に行く機会が多く、最初は「毎月の真亀自治連合会の役員会議に参加することが困難であり、申し訳ありませんがお断りさせていただきます」と断りました。しかしながら副会長から「会長が出席出来ない場合には、副会長が代理で出席します」との固い約束を得て承諾しました。自治会長として、この1年間、私の人生にとりまして貴重な体験をすることが出来ましたこと感謝しております。

特に班長さんと副班長さんには、毎月の役員会、各種の行事に積極的に参加していただきまして、大変ご苦労さまでした。婦人部の役員の皆様には秋祭りのお手伝い等に感謝しております。また、子供会の役員の皆様、各種の行事のお手伝い等に感謝しています。会員の皆様、真亀自治連合会の行事である体育部の行事、秋祭り等の行事に積極的に参加していただきまして、会員相互の交流を深めることが出来ました。ここに厚くお礼を申し上げます。

最後になりましたが、3月11日午後2時46分に発生しました東日本大地震と津波により、多くの方が犠牲になられまして心から哀悼の意を表すると共に、被災された方、その家族、関係者の皆様にこころからお見舞いを申し上げます。

総会の始まる前に急きょ1分間の黙禱をお願いしました。私のお願いの言葉も一瞬詰まりました。日を増すごとに深刻な被害がテレビ・新聞等で報道されており、胸が痛みます。当自治会としても、真亀自治会連合会からの連絡を受けて、会員の皆様に義援金のお願いを回覧させて頂きました。多くの義援金を寄付して頂き、３月27日連合会長宅に届けました。会員の皆様から戴いた義援金は、日本赤十社を通じて被災者の為に使われます。被災地の皆様の１日も早い復旧を願うばかりです。

第九章　カッパ放浪記

大学時代に、同じサークルで何時も4人＝小生、友田国男氏、松井（旧姓磯部）修己氏、内藤則臣氏が同一行動をしていました。卒業後、就職と転居でバラバラになり、日常の生活を知るために、私の提案で、昭和48年8月24日から回覧ノート「カッパ放浪記Ⅰ」を回覧しました。途中に何度か中断があり、その都度回覧ノートの行き先を確認しました。最初の順番は松井氏↓畠山↓内藤氏↓友田氏の順番でした。途中に3年間ストップし、昭和53年9月23日に友田氏宅に保管されていたことが判明しました。その理由は、昭和53年9月23日、職場の親睦会で白浜に行くこととなり、夜に友田氏宅に宿泊した際に発見したものです。以後、内藤氏へ送付しましたが、内藤氏が何度目かの転居で、ノートが不明となっていました。平成26年9月25日に私が内藤氏宅を訪問した際に、奥様から発見したノートを渡されました。まさに幻の「カッパ放浪記」です。

平成19年11月10日に、4人が初めて名古屋ガーデンパレスで再会し宿泊した際の記念として、約30年ぶりに「カッパ放浪記Ⅱ」を回覧しました。回覧の順番は畠山↓友田氏↓松井氏↓内藤氏の順番です。また、2年に1回名古屋で再会する機会を計画しました。現在「カッパ放浪記Ⅲ」は、内藤氏が平成24年9月8日に他界され、畠山↓友田氏↓松井氏の順番で回覧中です。一応、2カ月以内に次の者へ回覧することの約束事項を設定していますが、これまで約束が履行されたことはありません。何カ月も止まったり、放置されていることもありましたが、そこは、お互いに仕事、家庭があり、厳しく叱責しませんでした。私が代表者であり、原本を保管していました。他の3人にも保管する必要があり、2年前の平成25年9月24日にこれまでの2冊分のノートをコピーして他の3人に配布しました。「カッパ放浪記」も2冊目が終わりました。1冊と2冊を代表である私が管理していましたが、このたび3週間かけて復元しました。100%の復元は出来ませんでしたが、何とか100%に近いノートとなりました。当初は4人で回覧していましたが、内藤氏が2年前の9月に亡くなり3人となりました。一時は中断を考えていましたが、せっかくスタートしたノートであり、日本福祉大学の卒業生の中でも、初めてのことでしょう。私が生存している間は、回覧することを誓います。

平成26年9月24日　畠山　護三

再会の状況は、次のとおりです。

第一回　平成19年11月10日　名古屋ガーデンパレス畠山、友田氏、松井氏、内藤氏の4人

第二回　平成21年10月17日　同場所　同人

第三回　平成23年9月23日　同場所　畠山、友田氏、内藤氏の3人

第四回　平成24年8月19日

東横イン盛岡駅前ホテルでの再会を計画していましたが内藤氏が8月2日に入院され、中止しました。

第五回　平成27年11月22日

小生、友田氏の2人で、内藤氏の墓に参拝しました。場所は豊橋市植田町中畑22番地の曹洞宗育清院で豊橋鉄道植田駅から徒歩で4分。この墓は生前に内藤氏が望んでいた場所で、本人が他界されて内藤家之墓として、平成25年6月吉日、内藤京子、長男和宏氏が建立されました。奥様の実家に近い場所であり、墓には生花が捧げられていました。定期的に親戚の方が参っておられることを確認しました。私ども2人は途中で生花を買い求める予定でしたが、店が見つからず生花を供えることが出来ませんでした。次回の参拝には事前に用意することを誓ったものです。

河童グループ代表　畠山　護三

内藤氏の通夜・葬儀参加報告

平成24年9月9日午後12時10分、内藤氏の奥様から電話です。その内容は私にとっては、非常にショックなものでした。「主人が昨日の午前6時21分に永眠いたしました」との訃報の連絡。他の友田氏、松井氏への連絡を依頼されました。直ちに松井氏に電話すると、「都合により葬儀には参加することが出来ない。香典は後日送金する。8月中旬に東北大学附属病院に入院中の内藤氏から自分に電話があった。鼻腔から3本の管を挿入して酸素吸入中とのこと、電話中も息切れがして苦しい様子であった。内藤氏の容態が悪化して入院生活に介助を必要とする状態で奥様が終始付き添い看護中。奥様が医師の許可を得て一時自宅に戻った際に、畠山氏のはがきを読み、家に電話されたものだ」とのことでした。

私としても8月19日に盛岡で再会する計画をしていた最中に、内藤氏の家に3回電話するも不通でした。不通の理由が分からないために、内藤氏からの返事を待っていたものです。奥様が病院に付き添われていたことを知らず連絡が遅れました。他の方法を採って内藤氏に連絡すべきであったことを反省しています。内藤氏との最後の会話は7月19日の電話でした。内藤氏が8月2日から突発性肺線維症のために入院加療中であることは、事前に知っていましたが、まさか容態が悪化して、亡くなるとは思ってもおらず少なからず動揺しました。せめて入院中に面会に行っておればと思い、悔いが残ります。葬儀には参加したいと思い、奥様から通夜・葬儀の日時と場所を教えて頂きました。ともあれ、9月10日の夜が通夜、11日の午前が葬儀、当日は精神保健福祉学科の授業が2コマ予定されており、授業をキャンセルして「河童グループ」を代表して参加することとしました。

9月10日7時5分、芸備線玖村駅から広島駅へ。広島駅8時発の「のぞみ118号」に乗車、東京駅12時3分着。東京駅で東北新幹線の12時56分発「はやて27号」に乗車、盛岡駅に15時22分到着。東横イン盛岡駅前は盛岡駅から徒歩3分の場所で近い。事前に予約しており613号室で少し休憩をとりました。通夜の場所はホテルから40分の場所であり、タクシーを利用して17時30分に着きました。会場の「セレモニーホールいわて」の建物はJAコープの一角にあり、駐車場も広く株式会社Aコープ北東北が経営されています。

2階のもみじの間に行き、喪主である長男の内藤和宏様と奥様の内藤京子様に弔意を述べる。喪主の内藤和宏様は、14年前の平成10年12月に広島市で開催された第三十一回公的扶助全国セミナーに親子で参加されていて知遇もあり、すぐ判明しました。奥様とは初めてでしたが、名前が私の妻と同じであり、以前から再会を希望していましたが、通夜の場所でお会いすることは、心苦しいことでした。2階の通夜室の正面に祭壇が飾られ、内藤氏の遺影を見ると、元気であった頃の姿が、私に呼びかけている様子で自然に涙が出ました。内藤氏とは平成23年9月23日、名古屋ガーデンパレスで畠山、内藤氏、友田氏の3人が再会したのが最後になりました。部屋で暫く待って、午後6時から通夜が始まりました。通夜が終了後、食事を頂きました。私の隣には内藤氏の姉妹が同席。両名から遠方の広島からの参拝に感謝されました。

私としては昭和38年4月に日本福祉大学に入学した際に同じCクラス、サークルも同じ経済学研究会、毎年の彦根市武奈町の合宿にも参加、畠山・内藤・松井（磯部）の3人で四国一周旅行の途中に我が家に宿泊、下宿も1年同じであり50年近くの付き合いです。また、内藤氏のお父様に学生時代にお世話になったことがあり、通夜に参加することは当然です。夜20時までご長男と雑談をしてタクシーでホテルに戻りました。

翌日の葬儀会場では高橋清先輩と岩手県職員沼田礼子様に出会いました。高橋先輩はサークルの先輩であり、学生時代に仙台での「社学連」が主催する全国福祉系4大学社会保障ゼミナールに参加した後、先輩は岩手県庁に勤務されていましたので水沢市の自宅に泊めてもらったことがあります。内藤氏の最初の赴任地である宮古児童相談所、本庁、福祉事務所等に勤務され、定年後には特養の施設長として勤務されていました。沼田様は公扶研全国セミナーで知り合いました。以前は、私も全国運営委員として公扶研活動に参加したことがありましたが、最近は全国セミナーも不参加が続き、平成24年3月末で全国運営委員の仕事を辞職しました。沼田様は分科会等での発表等精力的に活動を展開されています。平成24年の4月から東北新幹線で盛岡から二戸保健福祉環境センターまで通勤中とのこと、本当にご苦労さまです。高橋先輩から同級生の河村和義氏を紹介されました。卒業後岩手県庁に勤務され、3年前の同窓会で再会したことがあります。葬儀会場で再会するとは誠に奇遇です。

葬儀は正午から始まりました。読経の後、岩手県庁を退職された職員で構成されている会の会長様から丁重な弔辞が述べられました。「故人は昭和42年4月に岩手県庁に奉職後、宮古児童相談所をスタートされ、本庁、児童相談所、福祉事務所等地方機関に勤務され、最後は岩手県社会福祉事業団事務局次長のポスト。38年間もの長きにわたって県の福祉保健関係の仕事に従事され、岩手県の福祉行政に多大な貢献をされたこと」等業績をたたえる説明がありました。一般参加者の中に県関係者が多数参加されていたことも頷けます。

司会者から「他に弔辞を述べる方はおられませんか」との案内がありました。事前に準備をしておけば大学時代の友人代表として弔辞を述べる機会がありましたが、事前に用意をしておらず失礼しました。岩手県副知事、社会福祉法人の理事長、NPO法人理事長、岩手県家庭裁判所長等沢山の方からの弔電が披露されました。法要後、喪主からのお願いがありました。「出棺の前に生花を入れてください」親族に続いて一般の方と続きます。私も内藤氏の顔を最後に拝見してお別れです。厳粛の中に葬儀が終了しました。棺は霊柩車に載せられ、盛岡市斎場やすらぎの丘に出発です。

私は、本日の夜までに広島に帰る必要があり、火葬場までは失礼しました。霊柩車が出発する前から、ＪＡコープの職員20人余りが一列に並んでの見送りです。高橋先輩の車でホテルまで送って頂きました。帰りの新幹線の時間までに余裕があり、盛岡駅前のそば処「東家」に案内されました。盛岡名物「わんこそば」の競争です。私は20杯を予定していましたが、実際は16杯で終了です。高橋先輩は29杯と私の約倍で驚きました。でも当店の最高者は５５９杯とかで私としては信じられません。東家から記念に「証明書」を戴きました。高橋先輩とはホテル前で別れて、盛岡15時41分発の東北新幹線に乗車、東京駅で乗り換えて自宅に帰宅したのが夜の11時前でした。１泊2日の慌ただしい日程でしたが、内藤氏の通夜・葬儀に参加して喪主、奥様、親族、先輩、同級生、知人等にお逢いする機会を得ましたこと、思い出に残ります。内藤氏とは今後、河童会、大学の同期会で再会することが出来ません。どうぞ、安らかにお眠りください。あなたの面影は、いつまでも私の胸の中にあります。

平成24年9月18日、内藤京子様から、私に丁重な手紙を戴きました。

「前略　先日はお忙しい中、そして残暑厳しい折に遠方より通夜、葬儀に御参加下さいましてありがとうございました。家族一同心から感謝申し上げます。さぞかしお疲れになられたのではないかと心配しておりました。願いが叶うのなら、夫を皆様に会わせてあげたかったと今でも思っています。8月の再会をとても楽しみにしていましたので残念でたまりません。又、本日は沢山の貴重な写真を送って下さいまして、有難うございました。早速、夫の仏壇に供えました。畠山様に旅立の日の写真を撮って頂けるとは思ってもいなかったでしょう。でも葬儀の時の仏壇の写真のようにいい顔で笑っているかも知れないです。《ありがとう》と言っています、きっと。盛岡でも今年は経験したこともない残暑の日々です。どうぞ体調に留意され御活躍をお祈り致しています。本当に有難うございました。かしこ

内藤京子」

第十章　海外旅行

「海外旅行」と言えば、私が学生時代には、貧乏学生でしたから考えたこともなく、お金のある人が行くものと思っていました。昭和46年5月に結婚後、妻京子からも「海外旅行に一緒に行きましょう」と誘いを受けていましたが、「日本全国全て旅行していないのに、海外旅行には行かない」と変な理屈をつけて、断っていました。それが、広島県に勤務中に、平成3年に地方職員共済組合広島県支部から、中国旅行に参加すれば助成金が支給されるとの案内がありました。早速友人3人を誘って応募することになりました。初めての中国、香港・桂林・昆明・石林の4カ所の観光地を5泊6日での旅行です。当時の中国は、外国人旅行客には兌換紙幣を使用していました。中国人は元の紙幣を使用。外国製品は元の紙幣では購入が出来ません。兌換紙幣か日本紙幣であれば、外国の製品を購入することは可能です。ホテルの前でダフ屋さんがしきりに「チェンジマネー」と要望する意味が最初は分かりませんでした。それ以降、毎年のごとく主として中国旅行に出かけています。ここに判明した旅行の日程のみ、転記しましたが、実際にはこれ以上の旅行に行っています。私のことですから、○印を付けたものは、旅行記を書いています。

○平成3年8月21日～8月26日　地方職員共済組合広島県支部主催　香港・桂林・昆明・石林

○平成5年10月23日～11月5日　厚生省主催　福祉事務所生活保護担当職員海外研

平成7年12月20日〜12月25日　修　ドイツ及びフランス

○平成8年11月12日〜11月19日　家族旅行　北京・西安・上海

○平成9年9月19日〜9月25日　1996年広島親善の翼　上海・重慶・桂林・香港

○平成11年11月18日〜11月24日　上海・重慶・武漢・三峡下りの旅

○平成14年8月6日〜8月11日　三次市日中友好協会第十二次友好訪中　上海・成都・雅安

○平成16年8月6日〜8月10日　中国保健福祉学会　上海・杭州・烏鎮・紹興

○平成19年4月1日〜6月30日　中国保健福祉学会　大連・済南・泰山・曲阜

○平成21年6月10日〜6月16日　大連・遼寧師範大学短期留学

○平成21年9月23日〜9月27日　広島県日中親善協会主催　広島県・四川省友好提携25周年記念　成都等

平成21年12月4日〜12月9日　広島車いすダンスクラブ主催の釜山公演に同行

平成22年1月4日〜1月9日　中国・大連人民政府の高官の息子結婚式に出席

○平成22年6月10日〜6月16日　上海・マカオ・香港等

広島県日中親善協会主催　第二十四次中国友好親善の旅成都・綿陽・西安・上海

平成23年1月4日〜1月7日　親子4人で台湾旅行
○平成23年9月15日〜9月18日　広島大学大学院地域政策ゼミナール特別参加　大連・瀋陽視察
平成23年10月13日〜10月18日　中国・庄河で家庭教師李さんの結婚式に参加
平成24年3月1日〜3月4日　上海旅行
○平成24年9月16日〜9月19日　広島大学大学院地域政策ゼミナール特別参加　台湾・開南大学・児童養護施設
平成24年10月1日〜10月5日　中国・安徽省來城県で中国の友人結婚式に参加
○平成24年10月7日〜10月11日　広島車いすダンスクラブ主催の韓国・大邱市での公演に同行
平成24年12月26日〜12月30日　タイ
○平成26年1月11日〜1月13日　総合社会福祉研究所主催　第十八回合宿研究会in釜山
○平成26年10月21日〜10月27日　広島県日中親善協会主催　第二十八次中国友好親善の旅上海・成都・貴陽・古蘭
○平成27年8月5日〜8月12日　中国社会工作連合会主催の中国ソーシャルワーク研修会に、妻畠山京子が講師として招聘され、同

平成28年9月1日〜　9月5日

行。内蒙古・吉林・大連

大連市・大連交通大学主催の研修会に妻畠山京子

が講師として招聘され、同行。大連市

第十一章　ＮＨＫ学園ＣＳネットワークの活動に参加して

平成28年10月8日と9日、金沢で開催されましたNHK学園CSネットワーク第十一回全国研修大会に参加しました。CSネットワークとは、全国NHK学園高等学校専攻科社会福祉専攻修了生の交流研修の会の略称です。前年度の広島大会に続いて2回目の全国研修大会です。北陸新幹線金沢駅に到着した際に、駅の前が大きく変貌していることに驚きました。北陸新幹線の開通で東京方面からの観光客が急増し、構内は混雑していました。広島からの参加者はタクシーに分乗して会場の金沢歌劇座に行きました。開会の前にオープニングセレモニーとして、地元金沢能楽会による演奏です。私は能楽を見たのは初めてです。出演者は地元で有名な能役者であり、短時間でしたが楽しみました。

続いて林会長の挨拶、中村美枝実行委員会委員長による開会宣言、NHK学園理事長による来賓挨拶の後、本題のフォーラムが始まりました。コーディネーターは石川県立看護大学の川島和代先生です。先生は現場の臨床を経て平成8年度から大学の研究職に就かれており、医療・福祉関係の学会や研修会等で幅広く活躍されています。パネラーの4人の先生は、富山・石川を拠点に地域活動をされており、川島先生から紹介がありました。

私が特に関心を持ったのは、山内ミハル先生です。元北陸学院高校校長で、40年にわたる電話相談活動「金沢こころの電話」の前会長です。全国で東京、大阪、沖縄に続いて4番目に設立され、最初から相談員をされていました。その苦労話を含めての報告は感動するものがあります。カウンセラーの登録者は２６０人ですが、実際に活動されている方は１８０人前後です。最近では年間８０００件前後の相談を受理されております。相談の内容は、人生・家族・夫婦・男女・対人・健康・教育等多岐にわたっており、40歳台から50歳台の男性がトップです。

私は、社会福祉士を養成する専門学校でケースワークを教えています。その中でバイステックの7原則を教えています。「金沢こころの電話」の相談心得は、次の５原則を心得て実践されています。どちらも似ていることに驚きです。

・先入観を持たずに、新鮮な感覚で積極的傾聴（Active listening）をする。
・奉仕の精神に徹し、友人として接する（Befriending）。
・秘密保持（Confidentiality）を厳守する。
・訴えを率直に受け止め、適切に応答（Response）する。
・相手の心情の理解に努め、信頼関係（Rapport）をつくる。

ワークショップでは、「医療・介護・福祉のネットワーク」に参加。先にＣＳ福島けやきの会会長の秋元昌之様から、「福島県の医療・介護・福祉ネットワークの現状報告」がありました。平成23年3月11日、東日本大震災により福島第一原発事故後、人口流出に歯止めがかかっていないこと。避難生活を続けている避難者は13万７３０

6人。県内の8割の50市町村で在宅療養支援診療所が未設置。医療も介護も都市部に集中して地域格差が拡大している等の報告がされました。解決策として、新たに福島県東白川郡における「在宅医療連携」が進んでいること、医療福祉生協連の取り組みが報告されました。続いて8～10人でグループを作り、ワールドカフェ方式によるグループワークです。この方式とは、アメリカ発祥の話し合いの手法で、その極意は「居心地の良い空間に招かれてコーヒーを飲んだり、お菓子を食べたりしてリラックスしたままで浮かび上がる思いを自由に話し合う」ことにあります。

①グループにはホストというファシリテーターが1人、常駐。お茶とお菓子を頂く。

②参加者は各人、最初に招かれたテーブルに行き、自由に語り合う。（1クール15分）

③次に違うテーブルにお茶とお菓子を持参。ホストは定位置。（2クール15分）

④最後に元のテーブルに戻る。ホストは今まで出た話をまとめて伝達。（10分）

私はこの方式を初めて体験したもので、最初は慣れずに戸惑ったのが実感です。他の参加者も同様かと思いますが、事前に配置されたホストの方のリードで、最後は何とか形となりました。

18時30分～20時30分までホテル金沢で開催された交流会には、参加者は借り上げたバス3台で移動しました。参加者238人で会場は満員です。開会の挨拶、来賓挨拶、乾杯に続いて民謡と介護予防体操での山中節、ああ金沢城、ドンパン節には参加者が一体となり盛り上がりました。各テーブルごとに自己紹介が始まり、さらに盛り上がりました。二次会は宮本会長の部屋で懇親です。

10月9日は、フィールドワークです。私は長町武家屋敷コースを選択。8時30分に金沢駅前に集合して、バスで香林坊下車。徒歩10分で金沢市老舗記念館に着きました。この場所に金沢観光ボランティアガイド「まいどさん」が常駐されており、中村将様のご案内を受けました。中村様は現在89歳で金沢ボランティアガイドの中では最高齢者です。外国にて生活された経験があり、英語が堪能で外国人の観光客に説明されるのは最適の方です。私達のグループにも、親切丁寧に説明して頂きまして、感謝です。

この地域は、藩政時代には加賀藩の中級武士が暮らしていたところであり、細かい路地や土塀、長屋門は往時の姿をとどめています。

①金沢市老舗記念館です。ここは天正7年開業の薬舗「中屋」を移築し、藩政時代の面影が残る建物。1階は「みせの間」等を復元し、2階は金沢の伝統的町民文化関連の品を展示していました。

②新家邸長屋門

③野村家庭園です。長町で唯一、一般公開されている武家屋敷。ここは藩祖前田利家の直臣野村伝兵衛信貞家が1、２００石、御馬廻組組頭、各奉行職を歴任した

家です。

④高田家庭園です。藩政時代の長屋門を修復し、一般公開しています。敷地内には見事な池泉回遊式庭園を配し、藩政時代の面影を残しています。

⑤足軽資料館です。藩政時代の足軽屋敷2棟を移築再現したものです。屋根は石を置いたもので、当時の雰囲気を醸し出しています。

⑥最後は尾山神社です。加賀藩祖前田利家公と正室お松の方を祀る神社で、五彩のギヤマンが目を引く三層桜門は国の重要文化財に指定されています。

広島に帰宅後、中村様に簡単なお礼のはがきを投函しましたら、折り返し、中村様から丁重なご返事を頂き恐縮しています。

「拝復　御はがき嬉しく拝受致しました。金沢には東、西、二つの茶屋街、兼六園、金沢城と、いずれのスポットにも観光ボランティアまいどさんが年中無休で、交代で常駐しています。いずれも兼六園から徒歩30分位です。隣接した歴史博物館、県立美術館なども、愛好家には好評です。来る11月1日には恒例の雪の重さを防ぐ、雪吊りが行われます。向寒の折、皆様の御健康と再会をお祈り申します。早々」

次回の金沢訪問の際には、十分な時間をかけて見学したいです。

13時56分金沢発、北陸新幹線「はくたか」５６６号に乗車して、14時29分に上越妙高駅に着きました。出口で磨伊政嗣氏に迎えて頂きました。磨伊氏は日本福祉大学の同窓生で同じ学内学会の会員です。平成3年10月、第二十六回公的扶助研究全国セミナーが新潟市で開催される前日にお逢いしました。２回目は平成15年10月13日、新潟福祉医療専門学校で精神保健福祉士のスクーリングを受けた後、再会を予定していましたが、私の伯母吉村ミサヨの急死で葬儀に参列するために、中止したものです。その意味では25年ぶりの再会でした。自宅に行く前に、温泉に入り、昼食後に高田城と高田公園を案内されました。

高田公園・高田城は、慶長19（１６１４）年、徳川家康の六男・松平忠輝公が築城した高田城の城跡公園です。高田城は忠輝公の妻・五郎八姫の父である伊達政宗が指揮をとり、江戸幕府あげての大工事でした。わずか４カ月で石高60万石を誇る大城郭が完成したといわれています。高田城のシンボル的な存在であった三重櫓は平成５年に史実に基づき復元されました。春は桜の名所として知られています。平成26年に高田開府４００年を迎えました。

自宅に到着し、25年ぶりの再会で積もった話に夢中です。磨伊氏は障害者支援施設に25年勤務され、現在は特別養護老人ホームの介護部長・ケアマネの仕事をされています。若い時から勉強を続けられ、社会福祉士・介護福祉士・介護支援専門員・住環境コーディネーター２級の福祉系の有資格者以外にも、宅建・行政書士等20余りの資格を取得されています。現在は測量士補の受験勉強とか、頭が下がります。夜は磨伊氏宅に泊めて頂きました。

10月10日、午前中春日山城の案内を中止して、昨日の話の続行です。北陸新幹線上越妙高駅10時48分発の列車に乗車するために、駅まで送って頂きました。来年度ご夫婦での来広を約束して別れました。

富山駅から高山線に乗り換えて14時31分に飛騨高山駅に到着。出口に田中敏夫ご夫婦の迎えを受けました。市内は丁度、秋の高山祭りの最中でした。以前から高山祭りを見学したいものと思っていましたが、幸運にもその機会を実現することが出来ました。櫻山八幡宮の例祭で、日本三大美祭りの一つに称えられる高山祭りは、春の「山王祭」と秋の「八幡祭」の総称で、16世紀後半から17世紀の起源とされています。毎年10月9日・10日に行われる「八幡祭」は、旧高山城下町の北半分の氏神様である櫻山八幡宮（八幡様）の例祭。

安川通りの北側、下町を舞台に、国の重要有形民俗文化財である屋台11台の曳き揃えをはじめ、貴重な行事の数々が繰り広げられます。錦秋の山里を彩る圧巻の祭絵巻は、日本の伝統の真髄を伝えてくれます。古式ゆかしき装束をまとった約３００人の大行列が練り歩きます。

区域内はとにかく大勢の観光客で込み合っており、外国人の観光客も増加しています。

屋台は11台、１台に１億円相当の費用がかかります。地元の皆様の情熱が、高山祭りを支援しているのを痛感しました。夜は田中氏宅で泊めて頂きました。

10月11日、当初は高山駅13時31分発の特急に乗車する予定でしたが、少し早めて11時32分発「飛騨８号」に乗車しました。田中様の見送りを受けましたが、来年度はご夫婦での来広を約束しました。名古屋駅から新大阪駅15時20分発の「さくら」で帰広しました。

田中氏とは、新潟福祉医療専門学校と日本福祉大学通信教育部の同窓生で、これまで高山で旅行の途中も含めて２回余り再会しています。25年間、社会福祉法人飛騨慈光会に勤務され、平成28年の４月から中学校の学校用務員をされています。岐阜県社会福祉士会の理事、家裁から成年後見人を受託され、飛騨地区でご活躍されています。

第十二章　私の同窓会活動

1　矢野小学校同期会

平成26年10月13日、リーガロイヤルホテルでの昭和31年度矢野小学校卒業「古希」同期会での私のスピーチです。

同期会を代表して挨拶させて頂きます。本年度「古希」を迎える年になりました。私達が当時の安芸郡矢野町立矢野小学校を卒業したのは、昭和32年3月でした。卒業式の時に、「仰げば尊し」、「師の恩」を歌ったことを覚えています。小学校を卒業して早くも58年が過ぎ去りました。当時の洟垂れ小僧が前期高齢者になりました。日本の平均寿命は男性80歳、女性86歳と発表されています。本日の同期会に参加された人の中には、まだ社会的に現役で働いている人、退職して悠々自適な生活をされている人等いろいろな人生を歩んでおられます。古い話で恐縮ですが、古希の由来は「人生70、古来希なり」という杜甫の詩にあります。本日は、卒業者196人余りの中、56人が一堂に会し、そして昨日まで会っていたごとく、心から打ち解け合って語り合うことが出来るのは、素晴らしく貴重なことだと思います。同じ矢野小学校で、6年間学んだり、遊んだりした親愛感や懐かしさとともに、利害関係や対立を抜きにした温かい人間のふれ合いがあるからだと思います。

本日の同期会には、恩師の平井先生、射場先生には遠路わざわざご参加して頂きまして、誠に有難うございました。ご高齢ながらかくしゃくとしたお姿に、私ども先生から指導を受けた者として、今日を迎えましたことに感謝の気持ちで一杯です。最後に、何時ものことですが、本日の会合を開催する際に畠山一美様をはじめ、各クラスの世話人の皆様に本当にお世話になりました。ここに厚くお礼を申し上げます。簡単ですが、これをもちまして私の挨拶を終わらせて頂きます。

平成26年10月13日　同期会世話人代表　畠山　護三

①昭和31年度矢野小学校卒業「古希」同期会に参加された皆様へ写真を送付した際の送付状です。

去る10月13日、広島市中区基町のリーガロイヤルホテルで開催されました昭和31年度矢野小学校卒業「古希」同期会は、10年前の「還暦」以来でしょうか。皆様に再会することが出来まして、大変喜んでおります。私は矢野に居住していなかったために、お手伝いすることもなく、これまで各組の世話人の皆様にお世話になりまして、感謝しております。今回、紅組の垣内章伸氏からの電話で、卒業生を代表して、私に挨拶をお願いしたいとの要請がありました。これまで世話人としてお手伝いをしておらず、私であればとのことで承諾しました。当日は、原稿をそのまま読むことになりまして大変失礼しました。

事前に準備された開会の辞、乾杯の音頭、各組代表の回想談話、万歳三唱、閉会の辞で担当された皆様は役割を十分に果たされまして、敬意を表するものです。食事、歓談等各テーブルを中心に話が弾みまして、本当に楽しい同期会となりました。お互いに70歳となりましたが、女子の皆様から、「護三君、私の名前を覚えていますか」と質問されても、すぐに思い出すことが出来ずに失礼しました。

現在、広島医療保健専門学校で学生を教えていますが、学生の氏名を覚えることが出来ず教師失格です。私が個人的に各クラスの写真を撮りましたので、個別に送付させて頂きますのでご笑納ください。

②平成26年10月22日付で、垣内章伸氏からはがきを戴きました。

「拝復　わざわざお礼のお手紙を戴き、本当に有難うございました。お陰様にて無事に又、盛大に終了し、役員一同喜んでいます。皆、大成功であったと云ってくれています。護三君のあの代表挨拶にしても、二次会でのカラオケにしても、場慣れしていますね。さぞかし、何度か、その場を踏んでこられたものだと御推察します。それに、貴殿、なかなか筆マメですね。今どき、このように、こまめに手紙をくれる人なんていませんよ。大抵、最近は携帯で済ますではないですか。本当に達者です。今回は中国旅行ですか、観光が主ですか、代表ですか。前回の東北の時は確かボランティアだったでしょう。あんまり働きすぎるなよ。私も孔子の云う『従心』となりましたが、私は、それよりも良寛の言う『裏を見せ、表を見せて散るもみじ』と。もうこれからの余生、自然体で遊ぼうと思い、皆んなと集まり楽しんでいます。体に気を付けろや。章伸」

垣内氏とは小学校時代、クラスが違っており、特別親しい関係にはなかったのに、今回の古希の祝いの件で急速に深まりました。その理由は、平成26年7月31日に垣内氏から私がＦＡＸを受理したのが始まりです。ＦＡＸの内容は、地元の世話人等の中に卒業生代表として挨拶を依頼する者が不在で、私にその役を引き受けてほしいというものでした。私としては地元の矢野に住んでおらず、これまで同期会、還暦の祝い等で手伝う機会もなく、皆様に申し訳なく思っていました。そこで、私でよければ引き受けますと返事をしたのが始まりです。

当日は、本当に楽しい時間を過ごすことが出来ました。各組の世話人の皆様には事前の準備等で何かとご多忙中にお手伝いして頂きまして、深い感謝の気持ちで一杯です。次回は、77歳の喜寿の祝いでしょうか。その前に同期会が開催されましたら、是非とも参加したいです。私に出来ることがあればお手伝いします。

2　矢野中学校同期会

矢野小学校の卒業生の大半が矢野中学校に入学するために、中学校独自の同期会を開催した事例がほとんどありません。

3　海田高等学校同期会

平成26年3月21日、ホテルグランヴィア広島での「海田高校14期古希を祝う会」での私のスピーチです。

高校時代、ＪＲＣ（青少年赤十字団）に所属したのが縁で、当時名古屋にあった日本福祉大学に入学しました。元熊野町長であった西村清登先輩に続いて２人目です。大学時代の４年間はボーイスカウト名古屋31団に所属し、カブスカウトの隊長として岡山県津山市日本原で開催された日本ジャンボリーに参加したこともあります。大学卒業後は広島県に採用され、地方機関である福祉事務所、児童相談所、保健所で計38年間、勤務しました。最終のポストは備北地域事務所厚生環境局厚生推進課長でした。在職中に国家資格である社会福祉士の試験に合格したのが縁で、退職後は学校法人古沢学園が経営する広島医療保健専門学校に勤務しています。名刺には、福祉部長・執行

ホテルグランヴィア広島にて海田高校14期「古希を祝う会」
（前列左から５番目が筆者）（平成26年３月21日）

役員と印刷されていますが、名前のみの管理職です。仕事は社会福祉士の通信課程を担当しており、今年1月26日に実施された第二十六回社会福祉士国家試験の結果、合格率の全国平均は27・5％でしたが、当校は51・2％でした。福祉系大学に入学して、今日まで約50年余り、福祉の仕事及び教育に従事してきました。

昨年の9月に自分史『福祉街道50年』を発行しました。これまでの雑文をまとめて1冊に編集したものです。全部で489ページもある膨大な本ですが、買い手が少ないのが悩みです。ちなみに1冊2、500円で販売しています。本日、8冊持参しましたので、興味のある方はご購入をお願いします。サインもします。現在の仕事も残り1年余りとなり、無事に満期退職となります。今年の3月にはセカンドハウスに福祉に関する相談を目的に「畠山福祉研究所」を開設しました。1年後の退職後には再度中国の大学に語学留学する予定です。と言っても勉強は半分、残り半分は食事と旅行をすることが念願です。中国語に「活到老、学到老」と言う言葉があります。日本語では、「生涯学習」の意味です。残りの人生の目標にしております。

4　海田高等学校同窓会

第五十七回海田県女・海田市高校・海田高校同窓会総会に参加。毎年、2月の中旬に総会を開催しています。平成28年度は、2月14日のバレンタインデーの日に、ホテルグランヴィア広島で開催され、14期の理事として参加。例年、総会は3階の「飛鳥の間」で30分開催され、懇親会は4階の「悠久の間」で開催されます。本年度の当番は1のつく期が世話人です。14期の卒業生は私を含めて13人が出席です。1組から大田奉君氏、中田多恵子氏。2組から私と桜河内章氏、長谷部昌弘氏。3組から木村米雄氏、西本昭孝氏、萩野次夫氏、谷口尚文氏、岡田正博氏。4組から坂本浄氏、東忠之氏。5組から平原邦興氏で毎年参加の常連者です。一つのテーブルを囲み、1年ぶりの再会を楽しみました。

今回の総会では、東京から参加された長谷部氏と歓談が弾みました。東京の私立大卒業後、名古屋の入国管理事務所に3年勤務して、文部科学省に転勤。全国の大学等に転勤後、最終は東北大学経理課長のポストとか。私の住んでいた当時の矢野町の隣の坂町出身で、同じクラス、同じサークルに所属した関係上、交流がありました。高校2年次には生徒会の会長に立候補され当選、背が高くハンサムで男性から見ても羨ましい高校生でした。仕事の関係で全国を転勤され、同期会ではお逢いする機会が少なく、でも2年前の古希を祝う会には東京から参加して頂きました。

14期の代表理事は3組の谷口尚文氏です。広島市中区本通で谷口宝石店を経営されている事業主、私のような労働者とは立場が違う経営者です。本通を散策する機会があります。時に谷口宝石店に立ち入り、谷口氏に挨拶をすることがありますが、私の服装が悪くお客として不適格者ですが、同期生として挨拶して頂けることは感謝です。我々14期は1組から7組に分かれており、各組に2人の理事を選出しています。ちなみに私は2組の理事で、どのような理由で理事に選出されたものか覚えていません。同期会も、総会を担当する時期に総会終了後に開催するのが通例です。平成27年度は1のつく期が担当となりましたので、平成30年度に4のつく期が当番になります。その際には、私が担当する2組の男性20人に電話をして参加を呼びかけます。2組の女性には柳川（加藤）静江様にお願いしています。何時も快く引き受けて頂き、感謝、感謝です。

5　日本福祉大学同期会

第一回同期会：昭和52年2月26日、会場は「清楽」、32人参加。宿泊は金山プラザホテル。恩師高島進先生に参加して頂きました。母校が昭和58年4月に愛知県知多郡美浜町に移転、当日閉校式が開催された後に同期会を開催したものです。昭和42年3月22日に卒業して10年目の同期会でしたが、案内は世話人代表として私の名前で発送しました。大学を卒業後同窓会の役員を引き受けており、その関係で同期会の世話をすることになりました。以後、自然に私が同期会の世話人を引き受けることになりました。

第二回同期会：昭和56年9月15日、会場は知多半島の先端にあるホテル小野浦を貸し切っての同期会でした。当日は名鉄知多奥田駅に集合して、ホテルまで送迎を受けました。宴会後のカラオケ大会で深夜まで盛り上がりました。

第三回同期会：平成5年10月、還暦を祝う会。会場は名古屋駅新幹線口に近い第一富士ホテルに42人が参加。翌日は同窓会創立40周年の記念式典が開催され、全員が参加しました。

第四回同期会：平成15年10月18日、会場は名古屋クラウンホテルに41人が参加。翌日は名古屋国際会議場で創立50周年記念の大同窓会が開催され、全員が参加しました。

畠山会長挨拶

同期会を代表して挨拶させて頂きます。

本年8月上旬に、同期会のご案内を150人余りの同期の皆様に発送させて頂きましたが、返事があったのは半数余りでした。その中で33人の参加があり、中には遠路わざわざ本日のためにご参加して頂きまして本当に有難うございました。私達が母校を卒業しましたのは、昭和42年3月22日でした。早くも36年が過ぎ去り、来年度は大半の皆様が還暦の年を迎える年となります。

同期会も卒業以来4回も開催しました。多くの皆様が一堂に会し、そして昨日まで会っていたごとく、心から打ち解け合って話し合いが出来るということは、すばらしく貴重なことだとしみじみ思うのです。それは、36年前に同じ学校で4年間学んだという親愛感や懐かしさとともに、利害関係や対立を抜きにした温かい人間のふれあいがあるからではないでしょうか。私はそんなことを感じました。古い話で恐縮ですが、16世紀頃の中国明時代の思想家に王陽明という有名な思想家がいます。その王陽明の朋党論の一説に、「利害を離れて道を同じくする友を朋友といい、それは君子の交わりである」という文章がありますが、利害関係でなく、ただ麗しく母校愛、同胞愛によって成立しているこの同期会は、まさに朋友の集まりであり、君子の交わりであると自負したら、いささかおこがましいでしょうか。

本日は時間の許す限り、ご歓談ください。お泊まりの方は時間の制限はありません。二次会、三次会で更に懇親を深めてください。明日は午前9時から名古屋国際会議場で同窓会主催の「創立50周年記念大同窓会」が開催されます。いろんなイベントが企画されておりますので、会場でまたお会いしましょう。

本日の同期会のために呼びかけ・世話人になって頂いた皆様には、自分のクラスの級友に個別に連絡等で参加の誘いをお願いしまして、本当にお世話になりました。その中でも事務局を担当して頂きましたDクラスの邑上捷雄（かつお）様には、母校に勤務しているのを利用させて頂いて、発送業務、本日の冊子作製等で本当にお世話になりました。ここに厚くお礼を申し上げます。最後になりますが、同期の皆様の中には病気等で不本意ながらご逝去された方がおられます。開会に先立ちまして、物故した級友の方に黙禱を捧げたいと思います。（黙祷）有難うございました。簡単ですが、これをもちまして私の挨拶を終わらさせて頂きます。

第五回同期会：平成21年11月7日、会場はサイプレスガーデンホテル。

会長挨拶

同期会を代表して挨拶をさせて頂きます。昭和42年3月に母校を卒業しました。月日が経つのは早いもので、今年で43年目となります。白髪が目立つ年齢になりましたが、参加された同期の皆様、お元気でご活躍のことと察します。遠方より参加して頂きまして誠に有難うございました。学生時代に戻って大いに語り、飲みたいと思います。私どもの同期会は、昭和58年4月に大学が知多郡美浜町に移転する前の2月に、大学の近くの「清楽」で第一回の同期会を開催。第二回は大学が移転後知多半島の先端にある「ホテル小野浦」で、ホテルを貸し切って開催。第三回は同窓会創立40周年を記念して、イベントが開催される前日、名古屋駅の新幹線口の「第一富士ホテル」で開催。第四回は大学創立50周年を記念してイベントが開催される前日、「名古屋クラウンホテル」で開催。今回の第五回は6年ぶりとなりました。

本日の同期会の準備等で、各クラスの呼びかけ・世話人になって頂いた皆様には、個別に電話等で連絡をお願いしまして本当に助かりました。また、毎回のごとく事務局を担当して頂いたDクラスの邑上様には、発送業務、本日の資料作製等で大変お世話になりました。ここに世話人の皆様にも厚くお礼を申し上げます。

大勢の皆様のご協力で本日の同期会を盛大に開催することが出来ました。最後になりましたが、同期の皆様の中には病気等で亡くなられた級友がおられます。開会に先立ちまして亡くなられた級友の方に、1分間の黙禱を捧げたいと思います。《黙禱》有難うございました。簡単ですが、これをもちまして私の挨拶を終わります。

第六回同期会：古希を祝う会。平成26年11月16日、会場はサイプレスガーデンホテル、参加者40人。

皆様の発言を完全に復元することは不可能ですが、私のメモを基本にまとめました。事実と違う等ミスがあることをお許しください。

私は世話人代表として14時30分過ぎには会場のホテルに到着。世話人の集合は16時の予定でしたので当然一番でした。暫くフロントで待機していましたら、東京の北山征一氏から電話があり近くまで来ているとのこと、フロントで待ち合わせました。その後、宮崎の黒木睦郎氏が到着され、3人で1階のレストランに入り、コーヒーを注文しました。暫くして邑上氏がフロントに来られ4人となり、歓談です。その後、邑上氏と2人で2階のフロントに事前に配達していた大学のパンフレット、資料等を受け取り、封筒に入れました。3階の会場は16時まで他の団体が使用しており、入室出来ません。私達が3階の部屋前で待機していた最中に世話人が集合され、簡単な打ち合わせをしました。18時から開始です。

司会者は木内正範様です。

「ただ今から1967年3月卒業生による第六回同期会を始めます。本日の司会を担当させて頂きます木内正範です。同期会が円滑に進みますようご協力をお願いします。前回の第五回同期会から5年が経過しました。その間、6人の同期の方が亡くなられましたので、ご報告します。藤井淳次様、山田進様、福井（近藤）浩子様、内藤則臣様、丹羽（中根）千鶴子様、西脇孝雄様、6人の同期の方々に1分間の黙禱を捧げたいと思います。ご起立ください。黙禱。有難うございました。お座りください」

開会の挨拶

「同期会を代表して挨拶をさせて頂きます。昭和42年3月に母校を卒業して、早48年目になりました。遠方より参加して頂きまして誠に有難うございました。学生時代に戻って、大いに語り、飲みましょう。私どもの同期会は、昭和58年4月に大学が美浜町に移転する前の2月、大学の近くの「清楽」で開催以降、既に5回開催し、本日で6回目となります。今回は大半の皆様が古希を迎える年になりました。古希の由来は、ご承知のとおり《人生70、古来希なり》という杜甫の詩にあります。本日の参加者40人が一堂に会し、そして昨日まで会っていたかのごとく、心から打ち解け合って語り合うことが出来るのは、素晴らしく貴重なことだと思います。同じ日本福祉大学で4年間学び、サークル活動、アルバイト等に情熱を燃やし青春を謳歌しました。本日の同期会には恩師の児島美都子先生、秦安雄先生にはご多忙にもかかわらず参加して頂きまして、誠に有難うございました。先生の、ご高齢ながらかくしゃくとしたお姿に、私ども先生から教えを受けました者として、今日を迎えましたことは感謝の気持ちで一杯です。何時ものことですが、本日の同期会を開催するに当たり、各クラスの世話人の皆様と事務局を担当して頂いております邑上様には、本当にお世話になりました。ここに厚くお礼を申し上げます。皆様、誠に有難うございました。簡単ですが、これをもちまして私の挨拶を終わらせて頂きます」

司会者　木内正範様

「続いて恩師の先生方から挨拶を頂きます。初めに児島先生宜しくお願いします」

恩師の言葉　児島美都子先生

「私は現在90歳です。古希は20年前に迎えました。浅賀ふさ先生は93歳で他界されましたが、これまでの人生で80歳台が一番良かったと回想されていました。私は今年、脈が遅くなり心臓にペースメーカーを導入しており、1級の身体障害者手帳の交付を受けています。名古屋市内での1人暮らしで、訪問介護員による世話を受けながら在宅で生活しています。畠山君の奥様は私のゼミ1期生でしたが、ゼミ生のかなりの方が他界されています。現在生きていることが花、皆様の人生を謳歌してください」

秦安雄先生

「児島先生の年齢には達していませんが、私も80歳台の年齢になるとふらつくことがある。卓球をする際には、フラフラしてはいけません。相手に迷惑をかけることになる。先日、卓球部の同窓会が開催され、司会の木内さんも参加されました。私は前立腺の疾患があり、いつまで生きれるか危惧していますが、90歳までは生きたい。児島先生は身体障害者手帳の1級に該当されているにもかかわらず元気です。私は福祉大を退職して中部学院大学で10年間、講義を続けていました。大学院修士課程、博士課程の開設で大学に残り、現在80歳台に達しました。70歳と80歳とでは身体の機能に大きく相違があります。中部学院大学を退職する際、研究室の蔵書を大学に寄贈するのに戸棚から降ろすことが大変でした。息子と学生の応援を受けて何とか運搬したほどです。福祉大学開設当時の先生方の中にはかなりの先生が他界されました。現在は地元の自治会の役員、年金組合に加入して活動しています」

司会者　木内正範様

「乾杯の音頭を東野様にお願いします。ご起立をお願いします」

東野（清水）裕子様

「それでは参加者の皆様、母校日本福祉大学の益々の発展と、参加された皆様のご健康を祈って乾杯したいと思います。乾杯、有難うございました」

司会者　木内正範様

「ただ今から暫く飲酒、歓談をして頂きます。その後、自己紹介、近況報告を1人2分以内でお願いします」

千賀恒夫様

「38年間、豊田市役所に勤務、退職後は67歳まで民間の施設で働きました。現在は自治会の役員を務めています」

浅井博之様

「福祉の仕事に34年間勤務しました。その間には特別養護老人ホームの施設長を5年間体験しました。今後は、少子高齢化時代に対応した事業を強力に展開する必要があります」

江尻忠之様

「卒業後は社会福祉の仕事でなく、親の仕事を引き継いで事業を展開しています。同窓会では地域同窓会の会長として、学生の就職活動等を支援しております」

高木（荒木）嘉子様

「学生時代は４年間、ヤジエセツルメントに所属していました。参加者が１人２分も話すと懇談会の時間が減少しますので、住所と氏名のみ自己紹介します」

堀田（湯沢）弥生様

「岡崎に住んでいます。皆様に再会することが出来て、大変嬉しく思っています」

難波（岩崎）美智子様
「岡山に住んでいます。どうぞ宜しくお願いします」
山田（吉村）寿美子様
「大学時代は部落研に所属していました。サークルのＯＢで、先日、２０１１年3月11日に発生した東北地方大地震の被害地域、岩手県陸前高田市の一本松の現場を視察する機会がありました。悲しい思い出が残っています。現在は自宅において居宅介護支援事業所の管理者として働いています」
澤（大野）由美子様
「四十数年間、主婦業を務めています」
岩田邦彦様
「長い間、精神科病院でＰＳＷとして働き、現在は愛知県医師会で苦情処理対応を担当しています。毎週水曜日以外、該当する事案があれば電話してください」

林陽三様

「本日、Ｃクラスの西脇氏の訃報をお知らせします。級友が他界されると本当に残念です。私は5年前から前立腺のガン疾患となり、東京の病院で治療中です」

鶴田豊様

「学生時代、勉強に熱心な学生でなく卒業出来たことが夢のようです。退職して悠々自適の生活を楽しんでいます」

北山征一様

「毎年Ｂクラスは同期会を開催しています。本日この同期会、東京からバスで来る予定が予約満員で乗れなくて、やむなく新幹線で参加しました」

寺本迪彦様

「学生時代の4年間は寮生活を続けていました。同期会は初めて神戸から参加します。平成27年1月17日、阪神淡路の大地震発生から20年になります。全国各地から１３５万人のボランティアの皆様が神戸で支援活動を展開して頂き感謝しています」

村上紘様

「卒業後、東京都足立区で障害児学級16年、養護学校14年教師として働きました。定年後は悠々自適の生活をしております」

高平利男様

「学生時代は、東寮6号室で生活。当時同じ部屋で生活していた仲間との再会が楽しみです。先日、喉が腫れて病院に入院していました。本日は退院して10日目です。現在は75歳2カ月の後期高齢者です。日常生活は囲碁、畑仕事をして暮らしており、お互いに元気で頑張りましょう」

深山影俊様

「学生時代は男声合唱団に所属。卒業後は群馬県の福祉・児童行政で38年間働く。と同時に群馬県地域同窓会の役員を長く務めています。日常生活は囲碁、畑仕事をしており、気分は最高です」

谷川（内藤）和様

「卒業後、三重県の福祉・児童行政で38年間勤務しました。退職後は三重県社会福祉協議会に4年間働く。現在は仕事から解放されて、自分の好きなお茶の指導をボランティアとして2カ所で続けています」

平木（沼田）礼子様

「卒業後、名古屋市に勤務。医師と結婚して、夫はここのホテルから徒歩5分の場所で開業医。24時間・365日患者様からの要請があれば往診をしており、積極的に在宅医療に取り組んでいます。私は夫の仕事を手伝っています。同期会には初めて参加しました。本日は懐かしいお姿にお逢いして参加してよかったと思っています」

保広（稲葉）由喜子様

「大阪の吹田市から参加しました。卒業後4月に結婚。大学の通信教育で図書館司書の資格を取得して吹田市図書館で働きました。52年前に福祉大学に入学当時、世間では福祉のことがあまり知られていませんでした。現在は国民にとって福祉の動向が最大の関心事項です」

林哲二郎様

「児島先生から名前を覚えて頂き、感謝です。卒業後、鳥取医療生協に通算46年間勤務しております」

富谷としこ様

「苗字は旧姓も新姓も同じです。大学を卒業前に同期の林哲二郎さんから鳥取日赤病院でＭＳＷを募集している情報を教えて頂き、応募した結果、就職することが出来ました。林さんに本当に感謝です。退職後は実家の大山町に戻り生活しています」

北村祐子様

「これまで参加の機会がありませんでしたが、今回初めて埼玉県越谷市から参加しました。参加された皆様の名前を見て学生時代のことを思い出しました。卒業後は東京都で長い間保育園に勤務していました」

室田満夫様

「卒業後45年間、児童福祉施設に勤務していました。現在孫が小学生で大変かわいいです。日常生活では晩酌でお酒を飲むことが楽しみです」

柏木武彦様
「卒業後、山口県の主として福祉行政に38年間勤務。定年後は地元のケアハウスの施設長として10年目。地域の小学校祭に参加して、児童と共に芋をふかす体験をしました」

東野（清水）裕子様
「卒業後、地元名古屋市内の小学校で38年間、教員として勤務しました。卒業後同じ学年の東野鉄一と結婚し、来年度は銀婚式を迎える年になりました」

三好宣雄様
「卒業後学校に38年間、教員として勤務。その後社会福祉法人の認可施設で8年間働きました。現在は手をつなぐ育成会の仕事で2年目です」

黒木睦郎様
「卒業後、宮崎県で28年間地方公務員として働く。その後出身の高千穂町の収入役、助役を経験後、町長選挙に立候補して見事当選する。町は全国的に有名な観光地であり、熊本空港から車で1時間の場所です。事前に連絡して頂ければ私が空港まで迎えに行き、観光地をご案内します。現在は夫婦で温泉めぐりを楽しみながらのんびりと生活しています」

谷田真覚様

「2年前に鈴木修学理事長が他界され、現在の理事長は3代目です。学生時代に劇団カルデロを立ち上げました。現在でも学生からの要請を受けて、学生を指導することがあります」

鈴木和憲様

「学生時代は通称デメと言われていました。現在はキリスト教会の牧師をしております」

山中（御手洗）直子様

「学生時代は自宅と学校を毎日往復していました。平成27年4月に私が住んでいる東海市の名鉄太田川駅前に日本福祉大学看護学部が誕生します。オープンしましたら、是非見学に来てください」

柴本（磯貝）循子様

「美浜町の出身で現在長野県中野市に住んでいます。卒業後は県内の病院でMSWとして働き、3年前に退職。現在は障害者自立支援施設B型事業所で週に2日働いています。ちなみに子供は娘2人で、長女はイタリア人と結婚、二女はカナダ人と結婚、その関係で海外に行く機会が増えています。海外での飛行機席は当初はエコ席、現在はビジネス席に変更。孫と再会するのが楽しみです。5年前の同期会は欠席して失礼しました」

加藤暢夫様

「学生時代は通称〈ばあちゃん〉、サークルは非問研に所属。卒業後は保護観察所の保護観察官として全国各地に転勤。定年を少し早めに退職後、名古屋市内に子供・家庭相談所を開設する。本日の参加者に『会報ポンペミンタル』を配布させて頂きました。預金を引き出して機関紙を定期的に発行しています。資金不足のため1口1000円で何口でも結構です。是非ともご支援をお願いします。ご支援して頂いた方には会報をお送りします」

坂本（酒井）計恵子様
「福井県敦賀市から参加。国道に面した浄土宗のお寺を維持しています。子供3人、孫もいる家族です。10年前に病気となり少し痩せました」
本田（田辺）みさ子様
「若いときに身体不調となり肩こり、腰痛が持続しています。針灸の治療でかなり回復しましたのでご安心ください」
邑上捷雄様
「卒業して母校に勤務して48年目、学生生活の4年間を加算すると52年間も大学でフルタイムで働いています。福祉大学とて良い面、悪い面もあるが、全国の福祉系大学の中では最も誇るべき大学の一つです。同期の皆様、大学の発展にご尽力をお願いします」
小寺（竹内）政世様
「学生時代は非問研に所属、他に卓球部で活躍していました。自宅と学校の往復でした。
卒業後は名古屋市八事にある福祉施設で働き、その後通信教育で保育士の資格を取得し、東海市の保育園で働く。マジックに興味を持ち、現在はボランティア活動をしています」

佐島澄夫様
「学生時代は部落研と教育研に所属。その関係で卒業後は広島県で小学校教員、校長として38年間勤務。退職後は三次市教育委員会の教育相談員として今年の3月まで働く。現在は地域のボランティア活動をしています。広島から参加し、皆様にお会いすることが出来まして大変よかったです。世話人の皆様、本当にご苦労さまでした」

畠山護三
「卒業して広島県の福祉行政に38年勤務。退職後社会福祉士を養成する専門学校に勤務して10年目。来年3月で10年間の雇用期間が終了しますが、理事長から引き続いて勤務してほしいと懇願され、困っています。中国には毎年旅行しており、7年前には3カ月間留学を体験しました。でも、中国語は簡単な挨拶程度しか話せません。今後、学校を退職して中国・四川省で1年間の留学を予定しています」

犬飼久隆様

「名古屋市役所を退職して、名古屋市から委託を受けて介護保険の認定調査員の仕事をしています。同窓会の役員として本部の理事を務めています。来年度は同窓会設立60周年の記念すべき年です。来年4月には東海市に新たに看護学部が開設され、その場所で11月には同窓会設立60周年記念大同窓会を計画しています。是非とも多くの皆様が参加してくださることを願っています。大学の通学生約5、200人、通信学生6、900人と計1万2、100人の大きな大学になりました。特に通信の学生は横の広がりが強く連帯感を保持しているのが特徴です。私は通信教育部の相談員として学生の入学相談に応じています」

木内正範様

「卒業後は小学校の教員を38年間勤務する。地域同窓会の役員、教員同窓会の世話人として積極的に同窓会活動を展開しています。ここで、全員で校歌を斉唱したいと思いますので、ご起立をお願いします。指揮は元合唱団の方にお願いします」

日本福祉大学校歌　作詞　中村　宗信
校閲　各務　虎雄
作曲　内本　実

①　新しい国　生れ出でて　新しき人のしあわせ
われら　願えり（われら願えり）ここにしるべ空高く
建てり（建てり）日本福祉大学

②　進みゆく世にさきがけて　進みゆく人のしあわせ
われら　究めん（われら究めん）ここに　力日々　湧きて
尽きず（尽きず）　日本福祉大学

③　大いなる道一すじに　ゆたかなる人のしあわせ
われら　築かん（われら築かん）　ここに真理　世に満ちて
讃う（讃う）　日本福祉大学

閉会の挨拶　畠山

「遠方から参加して頂き、盛大に同期会を開催することが出来まして、世話人を代表し厚くお礼を申し上げます。次の同期会は77歳の喜寿ですから7年先であり、それまでに生きているかどうか不明です。丁度期限の良い5年先に開催するかどうか今後、世話人と協議をしていきたい。毎回、同期会の開催につきましては事務局の邑上様にお世話になっています。本日、皆様に配布した資料は全て邑上様ご夫婦が作成されたものです。相当な時間を必要としたものと思われます。心から感謝しております」

司会者　木内正範様

「以上で同期会を終わります。ご協力ありがとうございました。2点連絡事項があります。①恩師の先生方をホテル玄関でお見送りしたいと思いますので、1階の玄関先に移動をお願いします。②二次会は1階のレストランを予約しています。ご都合のつく方は是非参加してください」

二次会には、26人が参加され、閉店の22時近くまで懇親が続きました。それ以降は10階3111号の林哲二郎氏の部屋に有志が集合して飲み会が続きました。私は11階の邑上氏の部屋で本日の会計処理に追われていました。

翌日11月17日には流れ解散です。7時から1階のレストランで朝食を済ませ、寺本氏と北山氏の3人で名古屋駅へ。名古屋駅の新幹線では北山氏と別れ、寺本氏と新神戸駅まで同行。寺本氏とは同じ広島県の出身であり、大学を受験した広島会場である広島大学で知り合い入学前から知っていました。中国新聞の発表で合格者に名前がなく、大学の入学式で再会したのには驚きました。事情の説明を受けて納得です。

私が3年生の夏に、大崎下島に住む後輩の山本京子さんの家庭を訪問後、隣の大崎上島木江町に住む寺本氏宅を訪問しました。また、寺本氏が卒業後神戸市役所に就職、何年か後に神戸の家を訪問、宿泊をお願いしたこと等思い出します。その後、年賀はがきのみの交流でしたが、神戸市役所を退職後、神戸親和女子大の教授に就任されていたことを初めて知りました。現在は大学を退職後、非常勤講師として週に2回の勤務とのことです。私の場合は広島県を退職後、広島医療保健専門学校の専任講師ですから、寺本氏とポストを比較すると相当の差があります。やはり役所を退職した最終のポストの違いでしょうか。私の能力不足であり諦めるしかありません。同期会の様子を概要程度でまとめましたが、全て１００％の復元は出来ませんでしたことご承知ください。また、氏名等でミスがあることもお許しください。以下に、同期会で気付いた点をメモしておきます。

①同期会は、当初は平成27年秋に同窓会設立60周年記念式典が開催され、その前日に予定していましたが、木内氏より開催時期が遅いとの指摘を受け、平成26年度に開催することを決定。同窓会本部の会報3月号と8月号に開催予告の案内を出しました。

平成26年9月中旬に事務局から１３５人の会員に発送しました。参加会費は前回と同額としましたが、結果的には予算不足となり残金から補充しました。次回はもう少し余裕のある予算を組みたいと思います。時間も2時間であり、二次会の会場に移動したものの時間不足でした。事前の予約では宴会時間は2時間をオーバーしても30分以内であればＯＫとの内諾を得ていましたが、当日宴会営業部のサービス担当者から、「そろそろ予定の20時になりますから」との合図を何回も受けて、司会者と相談してやむなく20時に中締めとさせて頂きました。参加者の皆様にお詫び申し上げます。

②今回も邑上氏に思い出の「学生歌集」を用意して頂きましたが、時間不足で活用することが出来ませんでした。学生時代に、クラス、ゼミ、サークルの仲間で歌った懐かしい歌集です。次回の同期会では、時間を設定したいです。

③私は第一回の同期会から自称世話人代表となり、皆様に同期会の案内をさせて頂いております。皆様から事前の承諾を得ている訳ではないのですが、卒業後、広島県地域同窓会会長→本部の常任理事→理事等と同窓会活動を46年余り続けています。その関係で同期会もお世話をさせて頂いておりますことご承知ください。実際の事務は、邑上氏にお世話になっています。また、各クラスの世話人の皆様の支援には本当に感謝しております。

④次回は77歳の喜寿を祝う同期会です。卒業しまして55年となり半世紀を振り返り、

各自の回想記、写真を集めて記念誌の発行企画はどうでしょうか。編集委員会を組織して、何回かの会合が必要となり、その作業も膨大となることは確実です。他の同期会ではこのような記念誌を発行された事例は稀ですが、それだけにやりがいがあると思います。

⑤私も平成25年9月25日に、自分史『福祉街道50年』を自費出版しました。広島市内の会場で出版記念の集いを開催したところ、80人弱の友人知人に参加して頂きました。500部印刷しましたが、現在は数部しか残っていません。その席で調子に乗って、次の喜寿の年には2冊目の本を出版したいと宣言しました。

⑥次の喜寿までには少し長い。途中の5年先である平成31年度に同期会の開催を希望したいとの要望を受けています。世話人代表としては動揺します。同期会のようにかしこまった計画ではなく、温泉地に1泊するような旅行プランではどうでしょうか。例えば同窓生の田近美恵子（旧姓浅井）様が飛騨高山に住んでおられます。飛騨高山祭りの前後に現地の旅館に集合し、懇親会を実施する。翌日は祭りに参加して自主解散とするなどのプランも考えられます。大学を卒業前の昭和42年2月に長野県諏訪市に泊まり、諏訪湖で卒業記念のスケートや懇談会を開催したことを思い出します。

6　日本福祉大学広島県地域同窓会

それまで会員数が少なくて中国ブロックを1単位として活動していましたが、その後東西に分かれ、広島県は中国西ブロックとなりました。卒業生の増加で各県ごとに細分化したものです。最初の支部長は先輩の坂本喜美子様、代議員は先輩の榊敦司様と記憶しています。昭和43年12月1日の支部総会で支部長に私が選出されました。支部長の仕事を続けていましたが、本部の代議員に就任後、1人が両方の役を続けることは負担となり、支部長を明賀哲行氏、胡明憲二氏、竹本了氏にバトンタッチして、今日に至っています。基本的には毎年、支部総会を開催しています。広島地域、県北地域、東部地域と県内を3ブロックに分けています。県北地域では、昭和47年から、毎年三次市の「鳥小屋」で開催しており、既に40回以上も同じ場所で続いています。平成22年から、毎年1月の第三土曜日の午後18時30分から会費5０００円と決めています。幹事は原田実様でお世話になっています。東部地区は一時、福山駅構内の居酒屋「Qちゃん」で開催していましたが、幹事の藤井悟様が多忙となり、中断していました。最近では、本部総務委員会の名越美子様、福山市社協の鳥海洋治氏等役員の皆様の世話で、訓覇法子先生による講演会を2回開催され、実行委員会等で同窓生が集まる機会も増加しております。総会も、広島で2回実施すれば、3回目は福山で開催することを決定しています。

7　日本福祉大学同窓会

平成25年12月7日、香川県高松市の「サンポートホール高松」で、日本福祉大学同窓会中国・四国ブロック合同の代表者会議が開催され、私は中国ブロック担当理事として、最初に報告しました。題名は「同窓会は相互扶助」です。

①私は昭和35年4月、地元の県立海田高校に入学

3年間の学生生活の中で、加入していたサークルはJRC活動です。JRCとは青少年赤十字団の略であり、主として県内の中学・高校に組織されていました。高校2年生の時には広島県青少年赤十字団協議会の会長を歴任していました。高校卒業時の進路としては、男子学生の大半は大学進学を夢見ています。男子学生の場合は法学部、経済学部を選択する例が大半の中、私は福祉系の大学を検討しました。

当時の福祉系大学は、仙台の東北福祉大学、東京の日本社会事業大学、名古屋の日

本福祉大学、大阪の府立短期大学の4校のみでした。東北福祉大学は広島から遠方であり断念。日本社会事業大学は当時の厚生省が財政支援をしており、その意味では国立大学並みに授業料が安く、私のような貧乏学生にはピッタリです。難問は試験科目に数学があったことで、私にとって最も苦手な科目であり断念。大阪府立短期大学は2年課程であり断念。最終的に残った大学が日本福祉大学でした。既に国家公務員初級職に合格していましたが、親に頼んで地方試験会場である広島大学で受験し、何とか合格し、昭和38年4月に入学しました。

サークルは経済学研究会に入会しました。地域では名古屋市ボランティアサークルに加入して、毎年夏に岐阜県関ケ原のキャンプ場で名古屋市内の子供とキャンプ生活です。また、ボーイスカウト名古屋31団カブスカウトの隊長として、小学校の子供達を指導していました。

4年間の学生生活の中で、一番辛かったことは、大学2年生の時、父の事故死に遭遇したことです。昭和39年9月末の前期試験後の休み期間中、サークルの仲間と渥美半島へ自転車旅行に出発しました。田原町を旅行中に私と同じ下宿をしていた内藤氏の父親から父の入院を知り、慌てて広島に帰省しました。父は戦後から三菱造船所江波工場で現場の労働者として働いていましたが、仕事中に同僚がクレーンを運転中に、誤って機材を落とし、その機材が父親の腹部に当たり、地上に転落したものです。父親の症状は重篤な状態で、即会社内の附属三菱病院に入院、同僚の献血を受けて手術を受けましたがやはり重篤な状態でした。母親は父親の入院時から病院に付き添い、私は毎日面会に行っていましたが、会話が出来ない程の状態でした。病院側の懸命な治療にもかかわらず10月22日、47歳の若さで事故死となりました。私としては、突然の父の事故死により学校を退学することを検討しましたが、Cクラスの仲間からの温かい激励の寄せ書きを頂き、1カ月ぶりに学校に戻りました。会社から借りていた奨学金は父親の死亡によりストップし、家庭からの送金は減額となりましたが、他に日本育英会の奨学金、アルバイト等で何とか貧乏生活を続け卒業することが出来ました。

②同窓会から援助を受けたこと

・受験勉強の助言

日本福祉大学に入学した動機は、卒業後は福祉事務所で生活保護のケースワーカーになることが目標でした。そのためには広島県の採用試験に合格が条件となります。3年生の秋から公務員試験の勉強を開始。前年度に広島県上級福祉職に合格された坂本喜美子先輩から、問題集を譲り受け、受験のノウハウを個人指導して頂き、合格することが出来ました。

・実行委員会形式による結婚式

学校を卒業して2年後、サークルの後輩である山本京子と交際していました。昭和45年8月、広島支部総会で同窓生の井上氏から「三次病院で相談員の募集がある」との情報を知り、早速彼女に連絡しました。採用試験に合格して昭和45年10月から勤務です。私は昭和46年4月に当時呉福祉事務所から三次福祉事務所に転勤、5月に我が家で結婚式を挙げました。急な結婚式のみで披露宴の計画が出来ませんでした。それを知った同級生の栗栖富美子様が実行委員会形式による「畠山ご夫婦の結婚を祝う会」を、広島市本通のアンデルセンで企画。当日は多くの同窓生を中心とした仲間の参加で盛大に実施して頂き感謝です。

・災害後の救援活動

昭和47年7月9日から降り始めた豪雨のため、県北地方には10日の午前3時に大雨注意報が発令、組合はストを中止しました。深夜に至っても豪雨が続き、11日の午前11時には大雨・洪水警報、夜10時には災害救助法が発令されました。私の入居していた吉川アパートは、馬洗川の河川敷に建てられており、増水してアパート内まで浸水。慌てて1階の家具等を2階に運びました。その最中に三次市消防署の避難指示で救命ボートに乗り堤防まで避難しました。その後、第三次災害要員である私は職場に駆けつけました。私の他には誰も出勤しておらず、中原所長以下職員に電話して動員の連絡です。私は11日の午後には双三郡吉舎町の役場に災害担当職員として福原正則氏と共に派遣されました。役場から定期的に福祉事務所に報告をしていましたが、12日の早朝には電話での交信が不通となり、午前中に役場の自転車を借りて事務所に戻りました。同僚の話では12日午前2時頃、三次市十日市町の堤防が決壊して町内は全て濁流で浸かり、三次電報電話局も浸かり電話回線が不通になったとの報告です。福祉事務所が入居していた合同庁舎も1階に濁流が入りましたが、私が戻った時には既に濁流は引いていました。

私は1週間余り事務所に寝泊まりしながら災害救助活動に従事しました。災害業務も落ち着き、アパートに戻ると1階の天井まで濁流が侵入しており、家財道具等の整理が大変です。同窓生の皆様がテレビ・新聞等で県北の災害状況を知り、広島から応援に来て頂いて、ごみ・泥等の除去やかたづけを手伝って頂きました。とても夫婦2人だけでは膨大な量のごみの除去が出来ませんでした。本当に感謝です。

・実習施設の紹介

現在の仕事は、広島医療保健専門学校で社会福祉学科通信の責任者です。学生の募集地域は、中国5県と四国4県の計9県です。広島県内の実習施設は私の長い福祉活動で知人等も多く、実習施設を確保することは容易ですが、他県となると事情が違います。島根県での実習施設が少なく、困っていました。島根県地域同窓会の郷原悌二会長にお願いして、確保することが出来ました。また、愛媛県での実習施設も少なく、愛媛県地域同窓会の水野喜代志会長にお願いして、会員のＮＰＯ法人理事長である渡邊文春様を紹介して頂きまして、実習先を確保することが出来ました。その意味では同窓会のネットワークの強さを実感しました。

・『福祉街道50年』の出版記念及び古希の集いの要員

来年度古希を迎え、また、自分史『福祉街道50年』を発行しました。平成25年9月29日、広島市文化交流会館で日頃お世話になっている広島県内の同窓生、公益社団法人広島県社会福祉士会の会員、福祉関係者等４００人に案内を発送、当日の司会、受付、写真係等を竹本了会長、胡明憲二氏、池野明子様にお願いしました。

当日は80人余りの参加者で盛大に開催することが出来ました。私も初めての挨拶で緊張しましたが、元広島県の下級職員としてはこのような出版記念の集いは例がなく、大半の参加者からお祝いの言葉を頂き、恐縮した次第です。私は、皆様からのお祝いの言葉に調子に乗り、次回77歳の喜寿の時に第二冊を発行、お祝いの会を計画したいと表明しました。

③同窓生への援助

・同窓会における就職相談

日本福祉大学同窓会広島県地域同窓会は、規約第4条で①総会の開催、②会員相互の親睦会・研修会の開催、③機関紙の発行、④在学生の就職活動、を基本に定めています。私自身、広島県支部結成時から大学の要請を受けて、個人的に在学生の就職活動に取り組んでいました。しかしながら個別指導では限界があり、昭和63年度から毎年6月下旬、大学内で開催される社会福祉学会に参加した際、前日に広島市出身の同窓生で、当時大学の学事課に勤務されていました森田誠也課長補佐様に依頼して、大学の掲示板でのPRをお願いしていました。当時、このような自主的な就職相談会は、全国55支部の中で広島県支部のみであり、参加者も広島県内の学生を中心に島根県、山口県からの学生も含めて毎回20人から30人が参加されていました。私自身、同窓会本部の常任理事としての立場で、常任理事会の場で組織的な開催を必要とする発言をしていました。

その結果、平成7年度からは同窓会本部事業として、学生の就職活動に取り組むことが決定されましたが、開催したのは広島県と神奈川県の2県のみでした。同窓会本部として準備不足を反省して、平成8年度からは第一回の就職説明会を理事会の当日である平成8年6月8日と9日の2日間、名古屋クラウンホテルで開催、3年生を中心に１２０人の参加がありました。

　第二回は同窓会本部と大学就職部との共催で、６月29日に大学内で開催された学内学会に合わせて開催。学生にとっては参加しやすく１５４人の参加がありました。

　第三回は11月９日、全国支部長会議が開催された名古屋クラウンホテルで開催。３年生を中心に２２７人の参加がありました。

　平成９年度以降は基本的には年に２回、定期的に開催しています。平成25年度までに計36回、延べ２、４８０人の同窓生、６、１７９人の在学生が参加しています。学生ニーズの変化に対応し、これまでの「３、４年生対象の地域別相談」に加え、「全学生を対象とした地域別交流会」や「分野別相談一般企業」、「個別相談からグループ懇談会」などさまざまな形態を追求しています。また、キャリア・アドバイザー制度を設置した際には、私も登録し全国42地域同窓会50人の中の１人として積極的に相談に応じています。

　しかしながら、平成17年度から就職相談会に参加する学生が減少の傾向を示しており、再検討の時期にあります。いずれにしても他の福祉系大学では、このような同窓会が大学と提携して学生への就職相談会を開催する例はあまりありません。今後とも学生の立場に立った就職相談会の開催が望まれます。

【私がこれまで相談に応じた事例の一部】

・Aさん：職種としてMSWを希望。広島県内のMSWの職種については、求人の情報が少なく、とりあえず同窓生が複数で勤務している病院での見学を助言する。後日、Aさんから手紙を受理する。「拝啓　早春の候、畠山様には益々ご健勝にてご活躍のこととお慶び申し上げます。さて、私はこのたびM町役場より内定の通知を受理、この春から勤務することを決定しました。一時はMSWの職種に就くことを希望していましたが、M町役場の福祉政策の魅力と将来希望する進路への転出の可能性を考慮して、M町役場への就職を決心しました。（以下略）」

〈コメント〉Aさんとは学生の2年次から就職相談を受けており、毎年6月末に開催される学会でお会いしていました。MSWの職種以外にも自宅から通勤出来るM町役場に受験を助言していました。Aさんは卒業と同時に社会福祉士にも合格されました。

・Bさん：山口県岩国市出身の学生。県内の老人福祉施設は少なく、広島県内での就職を希望されていました。特養で指導員をしている同窓生のLさんを紹介しました。その後、Bさんから手紙を受理。「拝啓　秋晴れの候、いかがお過ごしでしょうか。先日は広島での特養を紹介して頂き、誠に有難うございました。お蔭様で9月25日に施設で試験を受けて、無事合格通知を戴くことが出来ました。希望どおり広島の施設で就職することが出来、家族共心から喜んでおります。（以下略）」

〈コメント〉施設で活躍されているL同窓生の支援と本人の努力で就職の内定を得られました。以前、L同窓生からの転職相談を受けたことがあり、今度は反対に私からの依頼を支援して頂き、感謝です。

・Cさん：広島県内の精神分野での就職を希望されており、東広島市の精神科病院K同窓生を紹介しました。その後、Cさんから手紙を受理。「拝啓　暑い日が続いておりますが、お変わりなくお過ごしのことと存じます。就職相談会でお目にかかって以来、長らくご無沙汰いたしました。先日、東広島市の病院より内定通知書が届きました。病院には5月末から課外実習に行き、その直後に畠山様からアドバイスを戴きましたことは、私の就職活動に大きな支えとなりました。感謝の気持ちで一杯です。(以下略)」

〈コメント〉Cさんは学生時代から大学の近くの精神科病院でアルバイトをされており、そこでの仕事の評価を書いてもらい、面接時に病院に提出することを助言しました。アルバイト先での評価が高く、面接時に有利に働いたことと推測します。

このように、私の場合には、自己流の『学生のための就職ハンドブック広島版』(43ページ)を作製して、相談に参加された学生の皆様に無料で配布しています。そのようなことをするのは多くの相談員の中では私1人であり、自画自賛しているところです。

④中国ブロック会議の開催

平成19年度より全国9ブロックごとに代表者会議を年に2回、開催することが決定されました。本部の方針により第一回の会議を、平成19年7月22日「はんず」で開催。運営責任者は中国地区担当の理事である私、委員は各県の会長が兼務、事務局は広島から選出することを決定。平成20年度から会場を岡山市内の「ピュアリティまきび」で開催することを申し合わせました。平成22年度から各県地域同窓会ごとに「ミッションとビジョン」を作成することが決定されました。中国ブロックは、他のブロックに先駆けて全ての県において作成されましたことは、私の誇りです。

⑤同窓会活動での教訓

私は、昭和43年度から同窓会活動に取り組み、今日まで45年間が経過しました。同窓会本部の会長も、岡田春朗会長、小栗勉会長、岩井忠義会長、奥村庄次会長と4代に至って師として仰ぐことが出来ましたことは、私の自慢です。役員には定年制の規定はありませんが、私は平成26年の7月には古希を迎える年齢であり、平成25年度の代表者会議で中国担当理事として再選されましたが、次回役員選挙では立候補を辞退しました。私の長い活動からの教訓を一部紹介します。

・地域同窓会の会員の増加により、これまでの同窓会の運営では活動が困難になっています。役員体制の確立が絶対的に必要です。年に3回から6回定期的に集まり、事業方針を討議して事業を実施することが大切です。全県1区では広域化しており、ブロック体制を組織化することが必要です。各ブロックに責任者を配置し、協力員と連携してブロック運営を確立することです。幸いに中国ブロックでは、各県地域同窓会ごとに規約を制定され、県内のブロック化が確立し、事業計画に基づいての活動が展開されております。各県地域同窓会の会長をはじめ、役員の皆様のご協力に対して深く感謝しております。

・同窓会活動は会員のニーズにより展開されるのが基本です。その意味では各県地域同窓会では、各県の地域性を考慮しながら、活発に展開されています。特に岡山県地域同窓会では、お花見会、サッカー観戦、シングル婚活ランチパーティーの開催等多様な活動を展開されています。

・各県地域同窓会の会長は、組織の責任者です。規約で役員の任務を明確化されており、事業計画を達成するといった決意と実行が求められていますが、専従職員ではありません。あくまでも無理をしない範囲での行動をお願いするものです。

・本部の同窓会報は年に2回、8月と3月に定期的に発行されています。一般の会員にとっては大学の動向、本部の活動状況等が掲載されている会報を読むことが楽しみです。それと同時に、自分の住んでいる県内の同窓生の動向についても関心があります。中国ブロックでは、岡山県地域同窓会が、平成25年8月、ニュースを発行されています。他の県におかれましてもニュースの発行をお願いするものです。

⑥日本福祉大学同窓会中国ブロック地域同窓会

・平成27年度卒業お祝い記念式・交流会in中国

日本福祉大学同窓会中国ブロック地域同窓会として、平成28年3月27日、日本福祉大学岡山オフィスを会場に第二回の通信教育学部の卒業を祝う会を開催しました。本学の卒業式は、本校で開催されており遠方のために参加が出来ない方が大半です。全国的にも神奈川県地域同窓会、九州沖縄ブロック、四国ブロック等で開催されており、中国ブロックとして平成26年度に続いて第二回を計画しました。当日の午後12時30分から中国各県会長等の役員の参加の他、卒業生11人の参加を得ました。主催者側から、担当理事、各県会長の挨拶に続いて、大学を代表して明星智美先生から学位記授与、卒業生による言葉、校歌斉唱、記念写真で終了です。引き続いて交流会では、記念写真を張り付けた色紙をプレゼントしました。二次会は近くの居酒屋で親睦を深めました。担当理事として私の祝辞の挨拶は、次のとおりです。

祝辞

日本福祉大学福祉経営学部医療・福祉マネジメント学科のご卒業を心からお祝い申し上げます。本学の通信教育は、ご承知のとおりインターネットによる添削・試験システムにより、時間を有効に活用して学べるオンデマンドシステムを導入しています。

24時間いつでも学ぶことが出来るこのシステムは全国の福祉系大学の通信教育の中では、本学が最初に導入しました。卒業率も全国通信制大学の卒業率14%を大きく上回る51・6%を誇っています。

4年制大学・短大の1年以上の在学や卒業、専門学校の卒業など、これまでの学びに積み重ねる形で編入学が出来ます。

私も、昭和42年3月22日に昼間の社会福祉学科を卒業、平成19年3月2日に大学院社会福祉学研究科社会福祉学専攻の博士前期課程を通信教育で修了しました。その後、学習の意欲に燃えて、福祉経営学部医療・福祉マネジメント学科を平成23年3月9日に卒業しました。わずか1年間の通信教育でしたが、65歳の前期高齢者ですのでオンデマンドシステムによる試験の解答には時間との格闘で苦労しました。通信教育での学習は、孤独な学習となります。唯一の楽しみは母校、全国各会場でのスクーリングに参加した際の交流会です。私は皆さんに本学の通信制大学院での進学をお勧めします。本学の通信制大学院の特徴は、書類審査のみで入学が出来る大学院で他に例がありません。

社会福祉に関する高度な専門知識の習得と研究により、現代社会が抱えるさまざまな問題に対応し解決出来る、研究能力と実践力を備えた人材養成を目指しています。

年に数回のスクーリングは、名古屋キャンパスで行われます。私は中国の諺である「活到老、学到老」が好きです。日本語の意味は「生涯学習」です。卒業生の皆様、本学を卒業後も各分野でお仕事をしながら、学習活動を強力に展開しましょう。

平成27年3月27日

日本福祉大学同窓会中国ブロック理事　畠山　護三

※平成28年4月2日付で、通信の卒業生である稲垣鈴子様から礼状を戴きました。

「お便り有難うございました。何度も読み返しています。これからもよろしくお願いします。今年はPSWの国試、頑張ります。これから実習にも行かなければならないので、大変な年になりそうです。家の者がやっと理解してくれましたようですが？

これから田植え、茶摘みを済ませて学習に励みます。体に気をつけて生活のリズムを崩さないように日々暮らさなければなりません。4月9日は明星先生のスタートダッシュを受けます。以前に『国立療養所長島愛生園フィールドワーク』でお会いしましたね。写真一緒に写っていました。私はきっと1年生だったと思います。岡山での祝う会、本当に嬉しかったです。有難うございました。お元気で」

⑦平成28年度日本福祉大学同窓会代表者会議に参加して

平成28年6月11日の代表者会議の第6号議案、本部の役員改選で中国ブロック理事を島根県の郷原悌二様に交代しました。中国ブロックの各県地域同窓会の役員の皆様、長い間ご支援して頂きまして、感謝申し上げます。本日は私のために記念色紙を作成して頂きまして、誠に有難うございます。大切に保存したいと思います。

私が同窓会活動に取り組んだのは、昭和42年3月に日本福祉大学を卒業後、同年4月から広島県に就職し可部福祉事務所に配置されました。翌年の43年12月1日に、広島県支部を組織し支部長に選出されてからです。今日までに既に48年間も長く同窓会活動に取り組んできました。「畠山」と言えば「日本福祉大学同窓会」と言われる程で、大学でも「有名」でした。

役員歴も支部長、代議員、常任理事、本部就職支援委員会世話人、理事を経験しました。平成19年には全国を9ブロックに分けて、平成20年度から年に2回中国ブロック会議を岡山で開催しています。48年間の同窓会活動での思い出は、①就職相談会の開催です。昭和63年頃から全国に先駆けて、大学内で広島県出身の学生を対象に開催。私の手作りの『学生のための就職ハンドブック広島版』を作製して、参加者に無料で配布しました。参加された学生にとって好評であり、自画自賛したところです。広島に続き、神奈川県、福岡県が開催され本部の常任理事会でも提案し、平成7年度から同窓会として毎年2回開催することになりました。②平成22年度には各県地域同窓会ごとに「ミッションとビジョン」の作成が決定された際には、他のブロックに先駆けて中国ブロックは、全ての県で作成されました。③平成27年3月29日、福祉経営学部通信教育医療・福祉マネジメント学科を卒業された方の卒業お祝い記念式・交流会を神奈川県、九州沖縄県等に続いて、開催したことです。

大学及び岡山オフィスの全面的な協力で、理事としての「祝辞」を読む時にはかなり緊張しましたが、役員の皆様のご協力で何とか無事に終了することが出来ました。

私が日本福祉大学の校歌を歌ったのは、最初は昭和42年3月22日に社会福祉学部社会福祉学科を卒業した時、2回目は平成19年3月22日に大学院社会福祉学研究科社会福祉学専攻博士前期課程を通信で修了した時、3回目は平成23年3月19日に福祉経営学部医療・福祉マネジメント学科を通信で卒業した時です。このように3回も卒業式に参列した同窓生は少ないと思いますが、卒業式での校歌斉唱の際には、少なからず涙ぐみました。

　私の生き方は、中国の諺である「活到老、学到老」の言葉が好きです。日本語の意味は「生涯学習」です。1カ月後の7月10日には72歳に達します。来年の3月には広島医療保健専門学校の教員を退職して、4月以降は中国四川省成都で留学生になることを夢見ています。もし、実現すれば中国・成都から年賀はがきを投函しますので、お楽しみください。お世話になりました役員の皆様に、私のささやかな気持ちとして図書券をお渡しさせて頂きます。ご笑納頂ければ幸いです。各県の地域同窓会の活発なご活躍を期待しています。

　平成28年6月12日

元日本福祉大学同窓会
中国ブロック担当理事　畠山　護三

　当日の代表者会議・懇親会が終了後、夜に私のために慰労会が計画されました。場所は九州小町本店の居酒屋です。参加者は、鳥取県が田村圭介様、安達学様、島根県が郷原悌二様、林政彦様、岡山県が河本利典様、広島県が竹本了様、池野明子様、山口県が有馬俊雅様、吉木伸行様、岡山オフィスが加藤辰弥様、大阪オフィスが亀山哲也様の計11人です。慰労会の最後に私に花と色紙のプレゼントを頂きました。写真は後日送付されます。私からも上記のお礼状と図書券を贈らせて頂きました。

中国・四国ブロックの各県役員以外にも、本部役員及び中国・四国の同窓生の皆様200人の方に後日、退任の案内を発送しました。

6月9日、岡山県地域同窓会事務局次長の青景由美様から、6月11日の夜の懇談会に参加出来ないので、事前にメールで次のメッセージを送って頂きました。

「畠山様　何時もお世話になっています。雨降りが続き、梅雨らしい気候になりました。お変わりなくお元気にされてますでしょうか？　この度の代表者会議にて、中国ブロック理事を退任されるとの事、長い間お疲れさまでした。懇親会で色々と相談させて頂いたり、中国の話をして下さるのが聞けないかと思うと寂しく思います。中国ブロックでは、何時も和やかな空気を作って下さる畠山さんの存在と、進行では白熱議論の中に頼もしい議論や方向付けをして下さり、意見を出しやすかったです。有難うございました。土曜日の慰労会には残念ながら出席出来ないため、どうしてもメッセージを送りたくメールをさせて頂きました。12日、日曜日の会議には出席させて頂きます。これからもご健康に気をつけて下さい。中国で勉強されて、今後も活躍されるお話が聞けることを楽しみにしています」

私から6月16日付で、次のような返事のメッセージを青景様に送信しました。

「拝復　先日の代表者会議で中国ブロックの理事を退任することになりました。当日は二次会を計画して頂きまして役員の皆様に感謝です。色紙を頂き参加された役員の皆様からの温かいねぎらいの言葉に涙ぐみました。同窓会活動に係わり48年間、学校を卒業して大半の期間、中国・四国の役員の皆様にお世話になりました。中国には毎年、旅行しています。翌日の会議の最中に事務局長の米田宣和様と共にご挨拶に来て頂きまして、恐縮です。機会がありましたら、岡山での文化講演会等にも参加します。有難うございました」

また、7月18日付で本部の副会長・専務理事の水野孝安様から、次のとおり丁重なお手紙を受け取りました。

「前略　退任挨拶のお便りをご送付下さり有難うございました。思い返せば、畠山さんとお付き合いをさせて頂くようになったのは、平成3年に私が大学派遣理事事務局長になって以来で、その後平成5年に理事会改組で畠山さんが中国ブロック理事になられてからは更にお世話になりました。

畠山さんは、本当に誠実に同窓会・大学のために尽力され、ブロックの地域同窓会総会には最大限努めて出席され、地域の皆さんからは絶大なる信頼を寄せられていました。また、就職相談会事業では全国的に先陣を切って頂き、私としては大変助かりました。改めて感謝申し上げます。

このような畠山さんですから、長く本部役員を務めて頂けると安心ですが、組織の継続的維持の観点からは、役員は適当な時期に代わることは必要なことです。今回役員を降りられ、郷原さんにバトンタッチされましたことは、キチンと役割を果たされたことで感謝します。

私も今回で専従は降ろさせて頂き、当初は、本部でのその他の役員にも就かない積もりでいましたが、副会長組織担当を継続することになりました。また、新たな特別課題担当として新たな活動推進を担うことになりました。会長とか事務局長ではなく、名古屋同窓会の役員への立候補を神谷名古屋同窓会会長に伝えていますが、ロートルですので、これらの任に十分堪えうるか、少々疑問符がつきますが、畠山さんの思いに学び頑張って務めたいと思っています。今後ともよろしくお願いします。お手紙を早くに頂きながら、返信が遅くなり失礼しました。

筆不精ですのでご容赦をお願いします。８月27日の引継ぎ理事会では楽しい一時をよろしくお願いします。

敬具

平成28年７月16日

水野孝安」

私にとって、このように水野副会長からお手紙を戴いたことは誠に光栄の限りです。中国ブロック会議を開催した場合には、本部から水野副会長か守谷事務局長の同席をお願いしていました。会議のレジュメ等は事前に本部で作成して頂き、本当に助かりました。私の方から感謝申し上げます。早速、お礼のはがきを投函しました。

平成28年７月28日に、日本福祉大学通信教育部卒・広島県社会福祉士会の大橋喜代子様から、次のようなお手紙を受け取りました。

「万人の福祉のために、真実と慈愛と献身を

護三先生・京子先生お揃いで暑中厳しい折柄、ご健勝でご活躍のこととお慶び申し上げます。先日は先生のご立派な業績やすばらしい記念となられるお誕生日祝いに、ほんのささやかなお祝いのプレゼントをお届けさせて頂いたにもかかわ

りませず、やさしい温もりのあるクッキーを過分にお届け頂き、恐縮いたすばかりでございます。有難うございました。ご挨拶や御礼を申し上げるべきところを、丁度慌ただしく私共の小旅行と、帰宅後は急性気管支炎で体調を崩してしまい、ご挨拶も御礼も失礼いたしどうかお許し下さいませ。

先生ご夫婦におかれましては、日頃よりお揃いで地方福祉行政の重鎮として、また広島医療保健専門学校の学科長として、また広島都市学園大学の非常勤講師として多くの学生さんを福祉の世界に導かれ、学生さんといつもご一緒に広島駅構内や講習会会場で、何度かそのお姿を拝見いたし感動いたしたところです。有難うございました。またご夫婦のご研究熱心さは尽きることなく、数々の国家資格有資格者であられ、社会的に生かされ、その活躍ぶりは地元の地域はもとより海外の韓国、中国にも及びまさしく両先生の生き方は中国の諺どおり、『活到老、学到老』であると先生の仰るとおりであると感嘆いたしております。これからも日本福祉大学の『大学の顔』であり、『広島の福祉の顔』であります。

先生の著書『福祉街道50年』は圧巻です。すばらしい著書です。多くのご指導は、これからの社会保障の世界が、暗雲の中でさらに難解となる中で、両先生方のお導きやお助言が求められます。今後ともどうかご健勝ご活躍ご多幸を願ってお祈りいたしております。心から御礼を申し上げ、ご挨拶が遅れましたことをどうぞお許し下さいませ。有難う存じます。感謝と御礼まで。

大橋喜代子」

このように私のことを非常に誉めてのお手紙を受理しましたこと、恥ずかしくて穴が有ったら入りたいです。

平成28年12月吉日、日本福祉大学同窓会会長の数納幸子様から、次のようなお手紙と記念品の贈呈がありました。

「畠山護三様

拝啓　師走の候、益々ご健勝のこととお喜び申し上げます。

さて、遅くなりましたが、長い間、本学同窓会のために力をお寄せいただいたことに感謝を申し上げたいと思います。

畠山護三様をはじめ理事の皆様の恒常的なご努力があって同窓会の組織、体制が整備され、また基盤が強固になったものと思います。そのような地道なご努力の上に立ってはじめて同窓会設立50周年、55周年、60周年の記念事業を成功裏に終えることが出来たのだと思います。その他、平成17年に通信教育部卒業生が誕生して以来、通学課程とともに単一同窓会として活動し、定着していること、平成19年より9地域ブロック制にして、全都道府県27地域同窓会がミッションやビジョン、事業計画を持ち、役員体制を整備し恒常的に活動していることなど、多くの結果を残すことが出来たのだと思います。

本学は、大学名に『福祉』と表現されており、本学で学びたいと思う多くの人たちが『社会福祉』事業の現場で働くイメージを持って入学し、学び、国内の各地で『福祉』に関わる仕事をしてきたと思います。

『老人福祉』『児童福祉』『障害者福祉』『乳幼児保育』など、本来は『　』でことさら区別される必要のない人々が『　』で括られないと生存権が保障されない社会的弱者として置かれる状況が、現在ではさらに母子・父子家庭、非正規雇用、生活保護世帯、年金生活者等と益々拡大し、GDPを世界に誇ってきた我が国の貧困率が、OECD諸国の中で上から4番目の高い位置にあるそんな現況を、どのように考えたらよいのか問われるところです。

福祉の現場が益々拡大し、それを健全な社会の姿とするためには福祉を学び、仕事として取り組んできた本学同窓会の諸氏に新たな役割が期待されているのかと思います。

一方では、私たちも生活者として家庭を持ち日々を生きている側面を持ちますから、献身ではなく当たり前の日常の中で、老人、児童、障害者や経済的なハンディを負っている人たちと共にゆたかさを実感する生活の場を実現したいと思います。

そんな日常を実現するために、同窓会の活動が進められればと願っています。皆様のご努力を引き継いで、各地域の新しい役員や理事が同窓会活動の新しい姿を表現していけばと考えております。理事を辞された皆様には経験をいかし、引き続き同窓会の発展にご協力をお願いしたく存じます。

皆様のこれまでの活動に深く感謝を申し上げるとともに、これからもご指導を頂きますようお願い申し上げます。

良いお年をお迎えくださいませ。

ありがとうございました。

敬具

平成28年12月吉日

日本福祉大学同窓会会長　数納　幸子」

8　日本福祉大学大学院社会福祉学専攻博士前期課程（通信教育）同窓会

平成19年7月14日、日本福祉大学大学院社会福祉学専攻博士前期課程（通信教育）同窓会第一回準備会が開催され、偶然に参加したのが大学院同窓会とかかわった始まりです。出席者は大学院から野口定久先生、児玉善郎先生、小松理佐子先生の他、1期の対馬幸司様、萩原浩史様、2期の私の6人です。第二回の準備会は10月6日に開催され、大学院からは野口先生、児玉先生、小松先生の他、大学同窓会から事務局担当者、メディア教育センター担当者、1期は対馬幸司様、萩原浩史様、秋岡美紀様、加藤みちよ様、徳広隆司様、野村恭代様、神林ミユキ様、和田俊人様の8人。2期は私のみでした。12月2日に設立総会を開催し、設立趣意書、会則、役員等の案を協議しました。以下、設立当初の呼びかけ文「設立趣意書」の案です。

本日お集まりの日本福祉大学大学院社会福祉学専攻博士前期課程（通信教育）修了生の皆様、大学院修了後いかがお過ごしでしょうか。それぞれ、在院時代に確かめられた研究意欲をご自分の領域で、さらにご自分の内部から継続発展されていることと存じます。

私たちは、ここに全国から集まって恩師や旧友と再会し、懐かしさと共に研究意欲とエネルギーを大いに確かめあっています。また、お仕事や家庭の都合で残念ながらご欠席の方々は、この会の行方について固唾を呑んで見守っていらっしゃいます。本日は、同窓会設立総会と恩師の記念講演と修了生のパネルディスカッションを予定しています。そこでは、会場一体となって福祉研究や福祉実践に対する熱い思いが語られることと存じます。

私たちは弱く、たった1人では在院時代の熱意も日常の忙しさの中で消えそうになってしまいます。それを防ぐ為にも、同じ場を共有して、内なる研究意欲をさらに持続し発展させる為に、大学院通信修了生の相互交流と親睦と研究意欲の持続発展の場として、日本福祉大学同窓会本部の下に、学部同窓会として、日本福祉大学大学院社会福祉学専攻博士前期課程（通信教育）同窓会を設立したいと思います。

平成19年12月2日

日本福祉大学大学院社会福祉学専攻博士前期課程（通信教育）

同窓会準備委員会呼びかけ人

1期　対馬幸司　萩原浩史　加藤みちよ　神林ミユキ

徳広隆司　野村恭代　和田俊人　秋岡美紀

2期　畠山護三　長田和宏　藤森一浩　堀内浩美　前田小百合

○同窓会拡大準備会・前夜祭

日時　平成19年12月1日（土）17時

場所　日本福祉大学名古屋キャンパス北館

出席予定者　野口定久先生、児玉善郎先生、小松理佐子先生

修了生　担当者及び前泊者

○同窓会設立総会

日時　平成19年12月2日（日）10時から17時

場所　日本福祉大学名古屋キャンパス北館

○スケジュール（略）

総会で、選出された役員です。会長　対馬幸司（1期）、副会長　畠山護三（2期）、事務局長　萩原浩史（1期）、会計　秋岡美紀（1期）、監事　前田小百合（2期）、幹事　徳広隆司（1期）、加藤みちよ（1期）、長田和宏（2期）、堀内浩美（2期）

社会福祉学専攻（通信教育）開設10周年記念大会に出席しました。修了生の自己紹介、近況報告が掲載された資料の中から私に関する個所を転記します。

〈現在のお仕事、取り組んでおられる研究テーマなど〉

平成20年4月より、社会福祉士を養成する社会福祉学科通信一般課程、1年9カ月の学科長として勤務しています。中国・四国の9県を対象としており、1人でレポートの大半を添削、実習指導、演習を担当しています。現在取り組んでいる研究テーマはありませんが、将来的には通信教育による社会福祉士の養成の現状と課題のテーマでまとめたいと思っています。

〈コメント〉

教員要件として、19科目の資格要件を定めていますが、大学院を修了したことにより、「現代社会と福祉」「福祉サービス組織と経営」「社会保障」を担当することが出来ました。その結果、19科目中「人体の構造と機能及び疾病」「心理学研究と心理的支配」「社会理論と社会システム」を除いて16科目を担当しています。

第十三章　私の家系

1　父の思い出

父喜三は、大正6年10月25日、当時広島県安芸郡矢野町で畠山喜三一とカメヨの三男として生まれました。カメヨは、大正12年8月16日に病死しました。父は当時6歳であり、父の姉ミサヨは13歳でしたが、母親代わりに父の面倒をみました。祖父喜三一は、矢野町大井で材木商人として商売が繁盛しており、大井の地域では5本の指に入る程の利益を得ていました。しかしながらギャンブル狂であり、それが原因で負債を抱え、膨大な財産を食いつぶし、最終的には事業に失敗して不動産を取られ、その後、かき船の経営を手がけるも再びギャンブルで負債を抱え、失敗しました。その結果、生計維持のために吉浦で小さい運送店を営業していました。

当時、父の姉ミサヨが神戸のカフェでウェイトレスとして働いており、昭和4年に父を引き取り、蓮池尋常小学校に転校。神戸で火傷して休み、学友より1年進級が遅れ、最終的には矢野に戻り、昭和7年3月に矢野尋常高等小学校を卒業して、広島市内の沖田履物店に就職しました。昭和12年、20歳の時に徴兵検査を受けて、広島第五師団の歩兵部隊に入隊しました。

父が保存していた軍隊時代のアルバムによると、中国遼寧省大連市、山東省青島市、滝口での記念写真に戦友とともに収まっています。昭和16年1月22日、広島西部第二部隊で除隊。階級は陸軍伍長（炊事班長）でした。除隊後は海軍工廠広工場で働き、昭和18年6月、親戚の紹介で満田倍子と結婚、翌年の7月10日、私が生まれました。昭和20年8月6日、海軍工廠広工場において、広島市に投下された原子爆弾の立ち昇る雲を見たとのことでした。戦後は姉吉村ミサヨが既に就労していた関係で、姉の紹介で三菱造船所江波工場に穴明工として働きました。

昭和39年9月29日、船体に屏風を取り付けている最中に、上でクレーンを操縦していた同僚が、誤って機材を落とし父の腹部に当たり、地上に転落しました。直ちに三菱病院に搬送されるも重症でした。すぐ母が私の下宿先に電報を打つも、私は当時大学の2年生、前期の試験が終了して休校であり、その休校を利用してサークルの仲間と渥美半島を自転車旅行中でした。下宿の稲熊さんが、同じく下宿をしていた豊橋出身の内藤氏の実家に急報、内藤氏の父親が車で私を探しておられました。私は父の事故を知らずに、名古屋から岡崎、豊橋を経由して渥美半島の田原町（現在は田原市）の小学校宿直室に泊めて頂き、翌日も伊良湖岬を目指して自転車のペダルを踏んでいました。その途中で、後ろの車からスピーカーで「畠山さんはいませんか」との呼びかけです。直ちに自転車のペダルを止めて内藤氏の父親から説明を受けて驚きました。

内藤氏の父親の車で新幹線豊橋駅まで送って頂き、広島までの旅費を借り、10月1

日に開通したばかりの東海道新幹線に乗車、新大阪駅から広島駅までは急行に乗車しました。広島駅からタクシーで三菱病院まで駆けつけましたが、父は会社の同僚から献血を受けて点滴の最中、重篤な状態で会話不能です。母が毎日病院に寝泊まりし、私は毎日病院通いです。10月8日から東京オリンピックが始まり、テレビで放映されていますが、私はテレビを見る気持ちになりませんでした。病院側の懸命な治療にもかかわらず10月22日に亡くなりました。自宅で母が喪主となり葬儀を営みましたが、19歳の私にとって最大の危機に直面したものです。

父の事故死により、会社から借りていた奨学金が中止、今後の学生生活が持続出来るかどうか、非常に不安で男泣きに涙が出ました。葬儀及び初七日には会社の所長をはじめ多くの同僚の方からの弔問を受けました。

葬儀は、昭和39年10月22日、自宅で会社の同僚、地域の方、親戚等多数の参列を得て執行しました。会社を代表して所長の金田義夫様からの弔辞を紹介します。

「謹んで故畠山喜三君の霊前に申し上げます。君は去る9月29日、職場において不慮の災禍のため受傷されて以来、手厚い医師、御家族、同僚の看護の甲斐もなく本日未明、突然としてこの世を去られましたが、前途なお春秋にとむ身をあたら遂に殉職せらるるに至ったことは、まことに痛惜哀悼の情を禁じ得ません。

かえりみるに君は、昭和23年入社以来職務に忠実責任感きわめて強く、上長同僚からも厚く信頼尊敬されており、加うるにその円満な人柄は一同の敬慕の的となっておりました。

終戦以来、会社と共に幾多の困難の道を共にし、今日漸く君の努力の実を結ばんとする時にあたり、不幸にして事故の犠牲になられたことは、かえすがえすも痛恨の極みであります。ああすでに再び職場に君の元気な姿を見ることなく、君の生活の柱と頼まれた御家族の方々の御心中に思いを致す時、言葉もここにつきる思いであります。

私共は、貴い君の生命を失ったこのような事故を再びくり返すことのないよう、懸命の努力をつくすことをここに誓い君の霊にこたえる覚悟でございます。

謹んで安らかな御冥福を御祈り申し上げ、会社従業員一同を代表致しまして、哀悼の意を表し弔辞と致します。

昭和39年10月22日

三菱重工業株式会社広島造船所所長　金田　義夫」

また、私の長期に至る休みを知り、クラスの仲間が見舞いのメッセージを色紙に書いて家まで持ってこられました。来て頂いたクラスの方の氏名を思い出せません。11

月の初めに1カ月ぶりに学校に戻りクラスの皆様にお礼の言葉を述べました。下宿先の子供が中学1年生であり、生活費を稼ぐために、家庭教師をさせてもらいました。休みの期間にはアルバイトを続けながら何とか卒業に至りました。卒業式の時の姿、及び広島県に就職した際の姿を父親に見てもらうことが出来ず、悔いは残ります。

大学に入学まもなく、昭和38年4月22日付の父からの手紙を書籍整理中に発見しました。私宛てに投函された唯一の手紙です。現在でも大切に保管しています。

「速達を昭和38年4月20日に受け取った。一向に便りがないので心配していた。荷物は無事に届いたとの事、随分遅れるそうだね。優しい文面で安心した。家の者は皆元気、毎朝参四郎と一緒に弁当を持って家を出ます。参四郎もクラブ活動に写真部に入ったかで中々張り切っています。国泰寺高校の通信教育の入学式には1人で行きました。健治も野球のグローブを買って大機嫌です。お母ちゃんも相変わらず夜なべで精出しています。お父ちゃんの会社の賃上げの争議もまだ解決していませんが、何回ものストで1、200円迄こぎつけました。新三菱重が1250円で妥結しましたから、私の方ももうすぐ解決する事と思います。県議会議員の向井様は当選されましたが、田丸様は残念にも落選されました。

大学の環境も良い様子で何よりですが、住んでいる河村様宅はどうですか。同封の在学証明と居住証明書は早速月曜日に会社に提出します。遠隔地の健康保険証と同時に申請します。手にはいればすぐ送りますから少しでも体具合が悪ければ医者に罹りなさい。教育資金が今月から下りましたから本代に５０００円送金します。食事をあまり節約せずにお金が余るようでしたら滋養のある物を食べて体力の増強を図りなさい。別に郵便小包でコートを送ります。では体に充分気を付けなさい。７月には元気な姿で帰郷されん事を皆で待って居る。河村様ご主人、奥様、岩田様によろしくお伝えください。

今後、暇な時、不自由しない程度の食費、学費、諸経費を含めての予算を知らせてください。父より。

《追伸》５、０００円はコートのポケットの中にありますから届いたらはがきで通知をしなさい」

以下、母の倍子の追加手紙です。

「護さん、当分は栄養をつけないと駄目ですよ。果物か牛乳を取りなさいね。ハリキリ過ぎて、病気をしないように、先は長いのですから。私達が護さんを送って帰った後、濱井君が来ました。出発の日を知らなかったようです。見送ろうと思ったと言って帰られました。では、また」

最近になって、父の遺品から、辞令が保管されているのが見つかりました。私にとっては初めて父親の辞令を見ました。現場の工員でしたが、穴明工とは、船舶に船台を組み立てて、その上に立ち、機械で穴を開けて屏風を詰める仕事とか。危険な仕事であると想像します。

職場の同僚が、カンパ袋を回覧されて、その名簿を母が保管していました。

「お願い！　去る9月29日第一船台に発生した落下物による災害事故は、私達の仲間、外業係畠山氏の瀕死の重傷という事態をまねきました。私達は心から回復を祈願し献血など不充分ながら力を尽くしてきましたが、遂に22日午前0時10分不幸に不帰の人となられました。二十数日間の闘病の苦しみ、御家族の将来のことを考えての悩みなど、私達の想像の及ばざるものであったと推察する時、何とも哀惜無残の念を禁じ得ません。

ここに謹んで哀悼の意を表すると共に職場の仲間として、心ばかりの供物を霊前に供えたいと考え、みなさんにカンパの御協力を訴えます。

船殻工場　職場委員・代議員一同」

工場内に43枚の回覧が回り、５３０人もの同僚から氏名と金額が記入されたカンパが集まりました。父が労災で亡くなって早や52年が経過しましたが、長男として当時の職場の同僚の皆様に感謝します。

平成26年10月19日、浄土真宗本願寺派の長慶寺で兄弟妹４人のそれぞれの夫婦が集まり、父の50回忌を営みました。私は父が亡くなった年齢を超えましたが、父は仕事一筋に生きてきました。家庭ではタバコが楽しみで何時も喫煙をしていました。喫煙の煙が嫌となり、私は学生時代から今日まで喫煙をしたことがありません。父の楽しみは家の前の小さい畑で花を栽培することでした。道を通る人から「きれいな花が咲いていますね」と声をかけられたことがあります。私は、全く栽培に興味がなく親子2代は続きません。

父が残した昭和18年5月記の「備忘録」が残されています。昭和18年5月22日の婚姻費用及び祝儀のリスト。昭和19年7月10日の私の出産祝金のリスト等をはじめ親戚の結婚、葬儀、出産等が丁寧に記録されており感心した次第です。父の死亡以降は私が記入していますが、私の字が読みにくく、恥ずかしい次第です。

2　母の思い出

春秋社から毎月発行されている月刊誌『経済春秋』の平成21年12月号に掲載された、「母を語る　感謝で生きる母の信条を受け継いで」から引用します。

私の母倍子は、大正9年3月18日、当時の広島県安芸郡矢野町で、父満田善三、母ヨシノの長女として生まれました。実父は当時呉海軍工廠に勤務、実母は内職のかもじをしていました。母が4歳の時に実父が病死、以後実母は兄2人、私の母、弟の4人を育てながら、かもじで生計を営んでいました。小学校2年の時に実母が実家に帰り、まもなく実母が再婚したため母を含め子供達4人は、大阪の祖母が矢野に来て孫達の世話をしました。

その後、大阪の祖母が病気となり大阪に帰ったので、母の兄2人と弟は大阪でかもじ業を営む伯父の家に引き取られました。母は、子供がなく裁判所で判事をしていた実父の弟である叔父満田清四郎夫婦に養女として引き取られました。叔父が下関地方裁判所に転勤となり、母も下関市向山小学校に転校、昭和7年3月に卒業、同年4月には山口県立下関高等女学校に入学しました。その後、叔父が札幌地方裁判所に転勤となり、母も幸運にも北海道立札幌高等女学校に転校しました。

昭和12年3月に卒業し、以後叔父の家で家事等を手伝っていました。その後、母は養父の家から独立するため、昭和16年に職を求めて大阪の伯父の家に移り、昼は事務、夜は洋裁を習いました。昭和18年6月に、親戚の紹介で、当時呉海軍工廠に勤務していた父喜三と結婚し、安芸郡矢野町の借家で生活していた時に私が生まれました。以後、戦後に弟、妹、弟が生まれ、私を含めて4人兄弟になりました。父は終戦後、呉海軍工廠が解体されたので、姉吉村ミサヨの紹介で三菱造船所に就職、穴明工として勤務しました。

当時、父の収入だけでは家計が苦しく、実母の再婚先である矢野町の谷田家で米、野菜、牛乳等の援助を受け、さらに母は私を背中に背負って海田町方面まで行商をして何とか6人家族の生活費を稼ぎました。その後、母は矢野駅前の洋裁学校に通って新しい技術を身につけ、洋裁の内職を夜遅くまで続けていました。私も小学校の高学年になると、母に頼まれて洋裁の材料を店に買いに行き、縫いあげた仕立て物を注文先に届けました。母の仕立て賃が安くて丁寧なことが評判となり、日本製鋼所社宅の奥様からの注文に追われていました。

母は、昭和52年1月、山口市に住む養母が病みがちになり、養父も山口地方裁判所長を退官後地元で弁護士を開業していましたが、高齢で妻の介護が出来ないため、養父から来てほしいとの連絡を受けました。母は当時勤務していた三菱造船所を早期退職し、養母の介護のために山口市に転居しました。同年4月、養母は死亡しましたが、その後も養父の日常生活の世話を続けていました。昭和58年1月養父が86歳で死亡、母は養父の自宅等を相続し、引き続いて山口市内で1人暮らしを続けていました。

一時期、会社に勤務する弟夫婦と同居していたこともありますが、弟の転勤で1人暮らしとなりました。広島で会社に働いていた際に習っていた日本舞踊の名取で若松由希倍と名乗っていました。山口に行っても元気な時には地元の女性会に参加して、高齢者施設に慰問で行っていました。

また、友人と週に1回、自宅で女性会主催のバザーに出品する手提げ袋を作ってい

広島市中区舟入南の義理の兄・荒井秀夫様宅にて母と筆者（平成22年10月）

ました。子供達4人も家族連れで泊まりに行くことも頻繁で、その都度、母は食事を用意して歓迎してくれました。元気な母も85歳頃から足腰が次第に衰え、買い物以外には終始閉じこもりの生活となり、1人暮らしの生活が不安となり、時には悪徳業者から高い布団を購入したり等の被害を受けることもありました。子供達が、毎月定期的に訪問して家事等の援助を続けていましたが、仕事、家庭等で長期に滞在することが出来ませんでした。

そこで、子供達4人で協議した結果、広島市内に居住している妹夫婦が母を引き取ることになり、平成17年3月に妹夫婦宅に転居。当初はシルバーカーを押して近くのスーパーまで買い物に行くことが可能でしたが、足の機能が次第に不自由になり、介助が必要な状態となりました。私が訪問した際には、長男であることは分かるが、「どちらに勤務しているのか」と何度も聞くことがありました。昼間は椅子に座ってテレビを見ながらの生活が続きました。介護保険のサービスを申請したところ、当初は要支援1でしたが、現在は要介護3と身体的機能の低下で、週に2回通所介護事業所でサービスを受けています。

私は母と同じ広島市内に居住しているものの、思うように会いに行くことが出来ないので、母へのはがきを13年前から国内外の旅行中も含め365日、1日も欠かさず出しています。「親孝行をしたい時には、親はなし」ということにならないように、実践中です。

母は幼くして実父を亡くし、実母、さらに2人の兄弟ともバラバラとなり、小学校4年で叔父の養女となってからも、登校前に掃除、洗濯、食事の準備を全て行ってから登校し、結婚後も戦前戦後と辛苦な日々の連続でした。現在、「自分の娘と同居し、娘の介護を受けている日々の暮らしが一番の幸せ」と再三語り、近くに住む孫、曾孫の来訪を頻繁に受けて、毎日、テレビの水戸黄門の番組を見たり、曾孫を抱くことが楽しみでした。

母は幼児期に苦労して成長したので、我慢強く忍耐力があり、愚痴を一切こぼさず、感謝で生きてきました。自分自身のことより子供の幸せを願い、私を含めた子供4人に対する教育の方針は、小学校時代から「勉強しなさい」とか、小言を言われたことがありません。子供を誉めて育ててくれました。私は、母が他人の悪口を言ったのを聞いたことがありません。この信条を受け継いで、今日の私の人生観が形成されたように思います。今日までに私も母の生活信条を引き継いでいます。また、母は娘時代から絵を描くことが好きで、70歳に達しても絵日記を描いていました。今、手元にあるスケッチブックを見ても、上手に描いており感心します。子供達4人も、良き配偶者に恵まれ、それぞれ幸せな生活を営んでいます。来年の3月18日は母の90歳の誕生日。子供達、配偶者、甥と姪等が一堂に集まり盛大に祝い、そして、早逝した父の分まで元気で長生きしてほしいと祈っています。

3　母の葬儀

宇宙神道惟神道産土会　神柱
故　畠山　倍子様
1920・大正9年庚申3月18日生誕
2013・平成25年癸巳10月15日帰幽
93歳

（神名）倍美姫命
神葬本祭告別祭
日時　平成25年10月18日（金）午前10時～
斎場　広島県安芸郡海田町南堀川町2―23
平安祭典安芸会館
祭事斎行　宇宙神道惟神道産土会
祭主　洲浜　武彦

喪主　畠山　護三

感謝を胸に生きた母を偲んで

洋裁の内職をする母に頼まれ、仕立て物を届けた子供のころを思い出します。戦後の厳しい時代、母は行商をして家族を支えたこともありました。幼いころから苦労は多かったものの、決して愚痴をこぼすこともなく、常に感謝の心を持ち続けた母でした。私たちをいつも褒め、その幸せを第一に考えてくれた母へ何か親孝行をしようと、毎日手紙を送り続けて15年になります。大きな箱いっぱいになった私の思いが、母の生きがいの一助になっていたと信じています。

母倍子は、平成25年10月15日、93歳の生涯を閉じました。娘の家族と共に暮らし、孫やひ孫に囲まれた晩年は、きっと幸せだったでしょう。「生んでくれて、育ててくれて、ありがとう」と、あふれる感謝を込めて温かく母を見送ります。

生前、皆様より賜りました格別のご厚情に、深く感謝申し上げます。本日はご会葬頂き、誠にありがとうございました。

略儀ながら書状をもちまして厚くお礼申し上げます。

本祭告別祭での挨拶

喪主　畠山　護三

本日は公私共ご多忙にもかかわらず故人のためにご会葬くださいまして、誠に有難うございます。顧みまして故人生前中は皆様方より格別なご厚情ご愛顧を頂きまして、誠にありがとうございました。心から厚くお礼を申し上げます。母倍子は、平成25年10月15日13時20分、93歳の生涯を閉じました。母は大正9年3月18日、当時の広島県安芸郡矢野町で産まれましたが、幼少期に実の父が病気で亡くなり、その後実母の再婚により、当時裁判所の判事をしていました叔父満田清四郎夫婦の養女として引き取られ、北海道立札幌高等女学校を卒業することが出来ました。

昭和18年、当時呉海軍工廠に勤務していました父喜三と結婚、私を含めまして戦後の厳しい時代に4人の子供を育ててくれました。父は戦後三菱造船所に就職しましたが、家計が苦しく母は私を背負って行商して家族を支えていました。

母は養父母の介護のために昭和52年4月、山口市に行き、養父母の世話をしていましたが、養父母の死亡後、山口市で1人暮らしをしていました。地元の女性会に参加して高齢者施設で昔習った日本舞踊を踊ることが楽しみでした。また、バザーに出す手提げ袋を作って女性会の財政を支えていました。私たち子供も家族連れで泊まりに行くことも頻繁で、その都度食事の用意をして歓迎してくれました。山口市での１人暮らしも不安となり、子供達４人が協議して平成17年３月に広島市内に居住する妹新井夫婦宅に転居、当初はシルバーカーで近くのスーパーまで買い物に行くことも可能でしたが、次第に困難となり、介護が必要な状態となりました。

特別養護老人ホーム悠悠に併設された「悠悠タウン江波デイサービスセンター」に行くことが楽しみで、職員の皆様の親切な対応に感謝です。それ以外は、妹に24時間中介護を受けていました。

私が訪問した際には「自分の娘と同居して、娘の介護を受けながら日々を暮らせるのが一番の幸せ」と再々語っていました。毎日、母の介護に当たる妹にとって、その苦労は大変だったと思います。私の妹新井和子に感謝、感謝、感謝です。また、私の義理の兄に当たります新井秀夫様に対しまして、母の介護を側面的に支えて頂きまして、誠にありがとうございました。孫やひ孫に囲まれて、晩年は幸せな生活を過ごすことが出来ました。皆様に感謝の意を表したいと思います。誠に簡単ではございますが、遺族親族を代表してお礼の挨拶とさせていただきます。本日はどうもありがとうございました。

私の従姉である今井恵子様から平成25年10月29日に、手紙を受理しました。

「厳しかった暑さも去り、秋の気配と冬の訪れかと思わせる日が、同時に来ています。先日はお母様がお亡くなりになったとの連絡を和子さんから受けられてから、葬儀終了までの出来事を時系列にお知らせ下さり、謹んで拝読致しました。急なことにさぞ驚かれたことであったとお察ししております。

お母様は、この上なくお幸せでした。誰もこんな老後と死は迎えることは出来ません。人は生きてきたように死ぬのだと常々聞かされてきましたが、本当にそうだと教えられました。護三さんのご挨拶も胸にしみました。

私の母は、10年前の同じ10月の3日違いの12日に亡くなりました。病院からの知らせにタクシーで急ぎ、通夜、葬儀の段取りを1人で決めねばならず葬儀社の職員さん相手に早く決断しなければいけないことが多く、うろたえました。夫は既に要介護の状態であったので、子供達に助けられました。この10年は早かったです。

このほど最後の社会貢献になるかとホスピス病棟でのボランティア養成講座に参加し、修了証書を受け、傾聴ボランティアの登録をしました。これは1日の時間を全部自分が自由に使える時が来て、まだ体力・気力に余力があればやりたいと、若い時から思いを温めていたところです。もう一つ老人の一番の社会貢献は、自分が元気でいることだと週に1回水中ウオーキングにプールへ行っています。

今私は77歳、一番の関心事は、自分の死とそこへ行きつくまでの道のりです。自宅での平穏死自然死が出来ればと願いますが、それには地域での医療・介護の連携作りがしっかりしていないと難しいことです。

年々老人が多くなります。在宅のベッドが緩和ケア病室に変わる日を待ち望んでいます。親が子にしてやれる最後の教育は、その死にゆく姿を子に見せることだと思います。これは大仕事です。護三さん、京子さん、どうぞお元気でお仕事を楽しんで下さい。合掌」

平成25年10月30日付で私から従姉の今井恵子様に次のとおり、返事を出しました。

「拝啓　平成25年10月29日にお手紙を拝読しました。母が10月15日午後13時20分に亡くなり、早くも2週間が経ちました。母の葬儀は10月18日に平安祭典安芸会館で営みました。10月17日の通夜と18日の葬儀に参列して頂いた皆様に、お礼と母の経過報告を簡単にまとめて送付させて頂きました。今井恵子様から早々に鄭重なお手紙を戴きまして感謝です。

不定期ですが、広島市内に行く機会がありましたら、出来るだけ母の面会に行っていました。また、広島市内に出張時に寄ることもありました。平成17年3月に子供達

4人が集まり、協議した結果、妹夫婦にお世話をお願いすることにしました。母の年金は月12万円弱と少なく、妹新井和子へのお礼として長男である私が月5万円、次男参四郎が月3万円、三男健治は当時大学生を抱えており経済的に余裕がないために0円としました。これまで妹の献身的な介護と側面的に支援して頂いた義理の兄新井秀夫様に感謝、感謝です。

私ども夫婦も共働きで多忙を理由に、高陽町の自宅において母を一度も介護したことがありません。今となっては、ドライブでも自宅での食事等でも計画しておけばよかったと反省しています。最後の面会は10月13日の日曜日でした。喘息の疾患が再発して吸入により軽快していましたが、体力が弱まっていることが判明し、長生きは困難かとふと思っていました。広島駅で偶然に次男夫婦と再会しましたので、このことを伝えて面会を依頼しましたら、翌日には面会に行ってくれました。

10月14日は、日本福祉大学同窓会中国ブロック担当理事として岡山県地域同窓会が主催する講演会が岡山県津山市で開催され、参加しました。夜は市内のビジネスホテルに宿泊。翌10月15日の朝、JR津山駅前のポストにはがきを投函したのが最後です。当日は学校に行き、午後から帰宅した直後に妹からの電話です。母の最期を見届ける機会が得られませんでしたが、妹の話では、時々汗を拭いたりして様子を見ていましたところ、眠るがごとく息を引き取ったとの説明です。母の急死を発見して、慌てて谷本内科に報告に行ったとのことです。それ以降は、先日の経過報告のとおりです。

葬儀の宗派をどうするかで兄弟間で相談しましたが、なかなか決まりません。私は亡き父と同じ浄土真宗を主張しましたが、次男は自分の宗教をと懇願します。最終的には私の意見を辞退し、母と次男が入信しています「宇宙神道惟神道産土会」に同意しました。これまで兄弟４人の仲が良く、対立したことはありません。長男である私が喪主をしながら、宗派を別にするのはおかしい等の意見が家族からもありました。また、通夜及び葬儀でも大半の参加者は初めてのことであり驚かれたことと思います。

私も初めての体験であり戸惑いましたが、参加者の方には事情を説明して納得して頂くことに努めました。今後とも納骨は矢野の墓に入り、次男夫婦が営んでくれます。昔のしきたりにとらわれず、現実的な対応が必要であるとの認識で判断しました。葬儀の費用も出来るだけ安くするように交渉しました。最終的には99万円で１００万円以下となりました。最近では家族葬による葬式が増加している傾向ですが、現実的な対応です。

吉村の伯母様が亡くなられて10年ですか。３日の違いは10月12日、私の父も10月22日に亡くなりました。偶然ですね。伯母様が府中町で借家、地元のケアハウス、宇品の病院に入院されている時、時々面会に行く機会がありました。私の父が幼少年時に、吉村の伯母様にお世話になっていたことを聞かされており、私としては恩返しです。

一度は、三重県名張市まで、長男吉村幸男様と同居されていた時代に面会に行ったことがあります。

ところで、今井恵子様は傾聴ボランティアとして登録され、社会貢献されるとのことです。敬意を表しています。医学が進歩しても必ず人間の死は訪れます。最期の迎え方をどのようにすべきか、日常生活に追われて考えることが少なくなっているのが現状です。

私は仕事の間に小旅行することが楽しみです。70歳で再雇用先の広島医療保健専門学校を退職しましたら、再度中国語を学ぶために中国に留学するのが夢です。また、77歳の喜寿の時は再度本の出版を計画したいです。

最後の親孝行は、平成25年9月29日に私の本の出版の集まりを計画した際に、母にも参加をお願いしたことです。母にとって、子供が本を出版し、集いに参加する機会を想像することは困難かと思います。当日は80人弱の参加者で盛大でした。15年前から母に投函していましたはがきを妹から返却されました。字が読みにくいですが、私の財産として大切に保管する決意です。

敬具

平成25年10月30日

畠山　護三」

今井　恵子様

あとがき

私は、平成25年3月31日に『福祉街道50年』を自費出版しました。と申しましても、広島県職員時代の研究、自称資格マニア、広島県社会福祉士会の歩み、中国旅行記、修士論文の概要等他に発表した原稿をコピーして、編集したものです。字数のポイント、縦・横原稿等が不統一で大変読みにくい文章となりました。『福祉街道50年Ⅱ』を発行する際には、自分でパソコン入力による原稿を作成する必要があると痛感していました。

その後、時間の空いている時にひらがな入力により原稿を作成していましたが、ローマ字入力と比較して非常に時間を必要としました。今年の7月に73歳になりますが、最近では知的にも身体的にも低下する一方であり、原稿を書くことが苦痛になっています。また、私の原稿に誤字・脱字等が多く見つかりましたが、私に修正する能力がなく悩んでいました。

ふと思い出したのは、鹿児島市に居住されている親友の豊田充富氏です。豊田氏とは広島県庁勤務時代の同期で本庁・福祉職場で働いていました。私よりも少し早めに退職され、東広島市から鹿児島市に転居されています。一度は熊本市で開催されました日本社会福祉士会全国大会で熊本に行き、翌日には自宅に泊めて頂き、市内の観光案内を受けました。

広島県時代には本庁総務課文書第二係に勤務されており、公文書の作成では超ベテラン職員です。原稿全体を修正して頂きました。豊田氏の協力がなければ今回の自費出版に至ることは困難でした。私の出版計画を支援し、原稿の修正、激励等を頂きまして、その意味でも豊田氏に深く感謝しております。平成28年9月12日付で豊田氏より、次のようなはがきを受け取りました。

「当地、鹿児島は、朝晩はいくらか涼しくなったものの、日中は、残暑が厳しく身体にこたえます。さて、護ちゃん、はがき受け取りました。再度の修正大変でしょう。お察しいたします。他人の文章を修正することは、たやすいのですが、自分で文章をつくることは、並大抵ではありません。頑張ってください。疑問の点がありましたら、遠慮なくお電話ください」

何時も豊田氏のはがきは丁寧でよく判読出来ます。その点、私のはがきは、大変文字が読みにくく、不評です。初めての人には判読が困難です。広島県に在職中から、私の復命書は読みにくく、上司から注意を受けていましたが、この年齢になっても改善出来ません。一生、改善出来ないかと思います。

『福祉街道50年Ⅱ』には、私の生い立ち、学歴、職歴での思い出とともに、私の両親のことも追加しました。特に母の思い出としては、平成25年9月29日に出版記念祝賀会を開催した時には、母も参加することが出来たことです。その2週間余り後の10月15日に93歳で他界しました。私にとっては最後の親孝行と思っています。母の葬儀等での挨拶原稿も掲載しております。本来であればこのような自費出版ではあまり例がありませんが、お許しください。

次の目標は、広島医療保健専門学校を早く退職して、1年間程度中国に再度留学し、帰国後には、「中国留学体験記」を書きたいです。10年前には中国・大連の遼寧師範大学に語学留学を3カ月間体験しましたので、次の留学先は四川省の省都である成都を計画しています。1年間365日分の日記を文章化すればかなりの量になると思います。パソコンに入力が大変ですが、その苦労を体験したいです。

今回の発行では、前回と同様に妻京子に側面的な支援を受け感謝です。同じ日本福祉大学の卒業生ですが、妻の仕事への熱意と、また、学生への教育に対する姿勢に大きく学ぶものがあります。

最後になりますが、本書の出版にあたって、中国新聞社事業情報センター及び中国印刷の担当の方には最初の相談から親切に対応して頂きまして、厚くお礼を申し上げます。何とか完成することが出来ました。重ねて感謝です。

平成29年8月

「著者紹介」

畠山　護三　（はたけやま　もりそう）
昭和19年生まれ

1　私の福祉観
母校日本福祉大学の創設者、鈴木修学先生の「万人の福祉のために、真実と慈愛と献身を」をモットーとする。

2　日本福祉大学の入学動機
高校時代にＪＲＣ（青少年赤十字団）に入会し、3年間活動したことが福祉の道に関心を持ったきっかけでした。大学卒業後は広島県の福祉事務所でケースワーカーとしての仕事を希望して、入学しました。

3　出身地
広島県

4　職歴
広島県職員として上級「社会福祉職」採用、福祉事務所でケースワーカー19年、査察指導員4年、児童相談所の児童福祉司7年、保健所2年、その他在宅福祉・介護保険・医療監査・社会福祉協議会の監査等で6年、主として福祉行政に38年間勤務する。最終のポストは広島県備北地域事務所厚生環境局厚生推進課長。

5　表彰
平成4年11月　厚生大臣表彰

6　資格取得の挑戦
平成2年4月　第二回社会福祉士国家資格取得。広島県内で9人の中の1人、広島県職員としては初合格者。
平成10年10月　第一回介護支援専門員合格。広島県職員としては初合格者。
平成13年4月　第十三回介護福祉士国家資格取得。広島県職員としては初合格者。
平成16年4月　第六回精神保健福祉士国家資格取得。広島県の職員としては、非常に少ない。
以上、三つの国家資格と県の認定した介護支援専門員の有資格者は、当時県内では非常に少なく、広島県職員としては初めてのこと。自称「資格マニア」。

7　実習生の実習指導講師
平成4年4月から平成15年3月まで日本福祉大学非常勤講師（社会福祉実習担当）として学生の実習先での巡回指導を経験。平成21年4月から平成27年3月

まで日本福祉大学福祉経営学部（通信教育学部）非常勤講師（実習指導）。

8　最終学歴

平成17年4月1日　日本福祉大学大学院社会福祉学研究科社会福祉学専攻博士前期課程（通信教育）に合格、平成19年3月22日修了する。社会福祉学修士号取得。

9　再就職先

平成17年4月　広島健康福祉技術専門学校副校長・社会福祉学科長・教務主任・専任教員、学校法人古沢学園執行役員・福祉部長。

平成19年4月　広島健康福祉技術専門学校介護福祉学科専任教員。

平成20年4月　広島医療保健専門学校社会福祉学科長・教務主任・専任教員。

平成20年4月　広島医療保健専門学校精神保健福祉学科・保育介護福祉学科非常勤講師。

平成22年4月　広島都市学園大学非常勤講師。

10　現職

学校法人古沢学園執行役員・福祉部長。

広島医療保健専門学校社会福祉学科長・教務主任・専任教員。

広島医療保健専門学校精神保健福祉学科非常勤講師。

著者プロフィール
畠山 護三（はたけやま もりそう）

1944年、広島県生まれ。

日本福祉大学大学院社会福祉学研究科社会福祉学専攻博士前期課程（通信教育）修了。

1967年、広島県職員となる。福祉事務所、児童相談所、保健所などで行政福祉の要職を歴任する。

2005年、学校法人古沢学園に再就職。

その他広島兼好福祉技術専門学校、広島都市学園大学、広島医療保険専門学校などでも教壇に立つ。

社会福祉士、介護支援専門員、介護福祉士、精神保健福祉士などの資格を持つ。

著書『福祉街道50年』（自費出版）

福祉街道50年 Ⅱ

2024年3月15日　初版第1刷発行

著　者　畠山 護三
発行者　瓜谷 綱延
発行所　株式会社文芸社
〒160-0022　東京都新宿区新宿1－10－1
電話　03-5369-3060（代表）
03-5369-2299（販売）

印刷所　株式会社暁印刷

ISBN978-4-286-25163-9